KB196148

순간의
빛일지라도,
우리는 무한

변지영
심리×철학 에세이

지은이 **변지영**

작가, 임상·상담심리학 박사. 마음의 원리를 연구하고 수행하면서 책 쓰고 강의한다. 차의과학대학교 의학과에서 조절초점이 정신건강에 미치는 영향에 관한 연구로 박사학위를 받았다. 신경과학의 최근 발견들을 토대로 심리학 이론을 재해석하는 작업을 하면서 『이토록 뜻밖의 뇌과학』과 『나를 잃어버린 사람들: 뇌과학이 밝힌 인간 자아의 8가지 그림자』를 번역했다. 지은 책으로 『우울함이 아니라 지루함입니다』 『생각이 너무 많은 나에게』 『미래의 나를 구하러 갑니다』 『내 마음을 읽는 시간』 『내가 좋은 날보다 싫은 날이 많았습니다』 『항상 나를 가로막는 나에게』 『아직 나를 만나지 못한 나에게』 『좋은 것들은 우연히 온다』 등이 있다.

순간의
빛일지라도,
우리는 무한

변지영
심리×철학 에세이

그린비

순간의 빛일지라도, 우리는 무한

초판1쇄 펴냄 2024년 11월 28일

지은이 변지영
펴낸이 유재건
펴낸곳 (주)그린비출판사
주소 서울시 마포구 와우산로 180, 4층
대표전화 02-702-2717 | **팩스** 02-703-0272
홈페이지 www.greenbee.co.kr
원고투고 및 문의 editor@greenbee.co.kr

편집 이진희, 구세주, 민승환, 성채현 | **디자인** 이은솔, 박예은
독자사업 류경희 | **경영관리** 이선희

ISBN 978-89-7682-891-0 03180

독자의 학문사변행學問思辨行을 돕는 든든한 가이드 _(주)그린비출판사

말은

단어로 하지만

듣는 건

느낌으로 하니까

말하는 자

듣는 자

사이에는

천억 개의 별이 있다

머리말

"현재는 우리가 영원을 경험할 수 있는 유일한 장소다. 영원은 현재의 크기로 축소되는데, 이는 우리가 현재만 파악할 수 있기 때문이다."[1]

집필을 마치고 잠시 쉬려고 펼쳐 들었던 찰스 시믹(Charles Simic)의 산문집에 이런 문장이 들어 있었다. 맙소사! 대가들이 평생을 바쳐 연구한 영원과 무한, 그 심오한 세계를 단 두 개의 문장으로 끝내버리다니! 시믹은 역시 위대한 시인이다.

시간이 계속 흐르는 것처럼 느껴지다가도 어느 순간 딱 멈출 때가 있다. 시인들은 아마 그것을 '시적인 순간'이라고 부를 것이다. 사랑하는 사람과 함께하는 순간,

[1] Simic, C. (2015). *The life of Images: Selected Prose*. HarperCollins Publishers. p. 63.

누군가와 깊이 연결되는 순간, 나의 진실이 너의 진실과 만나는 순간. 철학자 질베르 시몽동은 이를 '순간의 정신성'이라고 불렀다. 시간이 사라진 찰나는 곧 영원이다. 시간이 사라진 곳은 무한이다. 우리는 오직 현재를 동해, 현재를 타고 영원으로, 무한으로 간다.

이 책의 주인공은 무한(infinity)이다. 몸의 한계에 따라 유한한 생을 살아가는 우리에게 '무한'은 철학이나 종교, 혹은 수학에서나 마주칠 법한 개념이라고 생각하기 쉽다. 하지만 무한은 우리 안에 깊숙이 들어 있다. 시간은 미끄러지듯 나아가고 삶은 거대한 비치볼 위를 미끄러지듯 손쓸 새 없이 흘러가버리는 것처럼 생각된다. 순간1에서 순간2로 매끄럽게 이어지는 것처럼 보인다. 하지만 이것은 착시다. 인과의 착시, 내러티브의 착시다. 우리의 의식이 그렇게 만드는 것이다. 실제로는 그 표면에 무수한 틈들이 있다. 우리가 만약 그 틈을 들여다볼 수 있다면 거기에는 무한의 바다가 있을 것이다. 물론 실제로 볼 수는 없다. 무한 자체가 우리의 감각기관이나

의식에 포착되지 않기 때문에 짐작만 할 뿐이다.

대체로 우리는 비치볼 표면처럼 매끄러운 현실이 전부라고 생각하기에 틈을 견디지 못한다. 발이 빠지는 틈, 속도가 0이 되고 내러티브가 무너지는 순간의 멈춤은 불편하다. 예측하기 어렵고 통제되지 않는 것, 끝이 보이지 않는 모호한 것에 대해 막연한 공포를 느낀다. 하지만 이 틈을 이해하고 포착하는 능력은 매우 중요하다. 시간을 뒤집을 수 있는 건 바로 그 틈, 그 찰나밖에 없다.

오랫동안 반복해 온 어리석은 행동, 자신을 불행하게 만드는 습관을 멈추기 위해 사람들은 매우 '의식적'이 되려고 애를 쓰지만, 의식은 명백한 한계를 갖는다. 왜 깨달은 사람들이 '현재'를 강조할까? 현재는 우리가 의식의 한계를 훌쩍 넘어 무한으로 존재할 수 있는 유일한 시공간이기 때문이다.

무한은 우리를 끊임없이 움직인다. 정신의학자 마테 블랑코는 우리 안의 무한을 무의식이라 불렀다. 프로이트가 뭔가를 발견하기는 했는데 명확히 밝히지는 못했기에 정신분석은 철저히 자아 중심, 의식 중심의 이론으로 남았다. 프로이트에게 무의식은 의식화해야 하는, 이겨내야 하는 어둠의 영역인 것이다. 마테 블랑코는 전혀 다르게 본다. 그는 철저히 무의식을 위한, 무의식을 향한, 무의식 중심의 논리를 펼친다. 왜 우리 정신세계가 대체로 무의식적일 수밖에 없는지, 꿈에는 왜 시간이 없는지, 해묵은 감정은 왜 수십 년이 지나도 지금 일어난 것처럼 생생하게 느껴지는지를 하나의 이론으로 설명할 수 있는 정신분석가가 과연 있을까? 마테 블랑코가 유일할 것이다.

그는 의식으로 알아낼 수 없는 영역, 하지만 우리를 끊임없이 혼란에 빠뜨리는 무의식을 우리 존재의 본질이라 보았다. 득도한 수행자와 정신분열 환자에게는 큰 공통점이 있다. 자기와 타인 사이의 경계가 사라지는 경험을 한다는 것이다. 이 둘은 어떻게 다를까? 그는 이것을 매우 체계적인 방식으로 설명해 낸다. 수학적 논리로 우리의 무의식을 분석하고 풀어내는 데 평생을 바쳤던 마테 블랑코의 열정이 아니었으면 인류의 무의식에 대한 이해는 프로이트의 발견 수준에서 멈춰버렸을 것이다.

한편 시몽동도 우리 안에 무한이 있다고 보았다. 그에게 무한이란, 우리가 관계로 나아가게 하는 근원적인 힘이자 새로운 것의 생성을 가능하게 하는 전(前)개체성을 말한다. 시몽동의 화두는 "어떻게 지금과 같은 존재자들이 생겨났는가?"였고, 그가 도달한 대답이 '관계'였다. 왜 우리는 끝없이 관계를, 연결을 추구할까? 그는 우리 안의 '아직 무언가가 되지 않은 부분' 때문이라고 말한다. 그것이 전개체성이고 무한이다.

무한은 우리를 끝없이 관계로 나아가게 한다. 시몽동의 이론을 한 줄로 표현하자면, 세상에 무언가 새로운 것이 만들어졌을 때 그것은 무한이 착수한 일을 관계가 마감한 결과물이라고 할 수 있다. 아이가 청소년이 되고 어른이 되어 엄마, 혹은 아빠가 되고 회사원이 되거나 예술가가 될 수 있는 것은 우리 안의 무한 덕분이다.

두 학자는 아주 다른 분야에서, 매우 개성 강한 이론을 제각기 펼쳤지만 수렴하는 지점이 있다. 바로 '무한'이다. 무의식을 탐구한 마테 블랑코의 이론이 '무한의 인식론'이라면, 생성의 관계론을 펼친 시몽동의 개체화론은 '무한의 존재론'이라 힐 수 있다. 이들의 논리를 따라가다 보면, 우리 존재의 한가운데 무한의 바다가 출렁이고 있음을 실감하게 된다.

통제, 예측, 질서에 익숙한 현대인에게 무한에 대한 이해는, 우리가 생각보다 매우 커다란 존재이며 근원적으로 연결되어 있음을 깨닫게 한다. 파편화에 시달리는 지친 마음을 치유와 깨달음으로 나아가게 하는 힘이, 나는 '무한'에 있다고 생각한다. 이제 우리는 책의 두 축을 이루는 이론의 창시자이자 무한의 천재들이라 할 수 있는 마테 블랑코와 시몽동에 대해 간략하게 살펴보고 본문으로 항해를 시작한다. 이들이 안내하는 우리 안의 무한, 그 광대한 바다로 떠나 보자.

이 책을 읽기 전에

1975년, 우리의 무의식은 다차원의 공간으로 이루어져 있지만 의식의 한계 때문에 그것을 그대로 포착하는 것이 불가능하다는 주장이 한 정신의학자의 책을 통해 처음으로 제기되었다. 우리는 4차원 이상의 공간을 직접적으로 인식하거나 시각적으로 경험할 수 없다. 인간이 일상적으로 경험하는 공간은 3차원(길이, 너비, 높이)이며, 여기에 시간이라는 4차원을 추가하여 시공간을 이해하는 정도다.

이처럼 의식이 다차원의 정보를 처리할 수 없기 때문에 무의식은 친절하게도 스스로 차원을 낮추어 일부 내용만 의식이라는 제한된 문 안으로 슬그머니 들여보낸다는 것이 마테 블랑코의 주장이다. 그의 논리에 따르면 무의식을 그대로 의식화하는 것은 불가능하고 우리가 꿈이나 자유연상을 통해 만났다고 생각하는 무의식은,

무의식 그 자체가 아니라 의식이라는 거울에 포착된 무
의식의 아주 작은 일부에 불과하다. 마테 블랑코의 직관
은 과연 옳았을까?

그로부터 40년쯤 지나 2017년 출간된 한 논문[1]은 "우
리 뇌는 3차원이 아닌 다차원에서 작동한다"라고 밝혀
신경과학자들 사이에서 화제가 되었다. 스위스 제네바
에 기반을 둔 신경과학자들과 수학자들의 협력 프로젝
트인 블루 브레인 프로젝트 연구원들에 따르면, 뇌가 문
제를 해결할 때 뉴런들은 "마치 모래로 쌓았다가 허물
었다가 다시 쌓는 다차원적인 모래성과 같은 형태를 보
인다"라는 것이다.

대수적 위상수학의 방법을 사용한 연구팀은 뇌 속의
뉴런들이 복잡한 그룹, 즉 '클리크'를 형성하며 이들이

1   Reimann, M. W., Nolte, M., Scolamiero, M., Turner, K., Perin, R., Chindemi,
     G., Dłotko, P., Levi, R., Hess, K., & Markram, H. (2017). Cliques of neurons
     bound into cavities provide a missing link between structure and function.
     Frontiers in computational neuroscience, 11:48. doi: 10.3389/fncom.
     2017. 00048

이 책을 읽기 전에

연결되어 고차원적인 형태를 만들어 낸다는 사실을 발견했다. 뇌의 매우 작은 영역 내에도 수천만 개의 구조가 존재하며 일부는 11차원까지 확장된다는 놀라운 내용이다.

"이는 마치 뇌가 자극에 반응하여 1차원 막대에서 시작해 2차원 판, 3차원 큐브, 그다음에는 4차원, 5차원 등으로 점점 더 복잡한 기하학적 구조로 탑을 쌓았다가 무너뜨리는 것과 같다."[2]

연구팀의 한 수학자 란 레비Ran Levi의 설명이다. 이러한 구조적 활동의 의미는 아직 덜 밝혀졌다. 대수적 위상수학을 사용해 뇌 기능을 매핑하는 연구는 아직 초기 단계에 있다. 하지만 뇌신경의 활동이 다차원의 구조를 통해 효과적으로 이루어지고 있음을 충분히 짐작할 수 있다. 뇌의 구조적 비밀을 들여다보는 획기적인 연구는 이제 시작되었다.

2 https://www.frontiersin.org/news/2017/06/12/blue-brain-team-
   discovers-a-multi-dimensional-universe-in-brain-networks/

이냐시오 마테 블랑코[*] Ignacio Matte Blanco, 1908~1995

칠레의 정신과 의사이자 정신분석가. 무의식의 원리를 설명하기 위해 수학적 논리와 정신분석 이론을 연결하는 작업에 매진했다. 20세의 나이에 칠레 학 의학부를 졸업하고 25세에 생리학 부교수가 되었지만 정신의학, 특히 정신분석에 매료되어 런던으로 건너가 정신분석 수련을 받기 시작했다.

영국 정신분석학회의 회원으로 멜라니 클라인의 영향을 많이 받았으나 완전히 독자적인 노선을 걸었다. 프로이트가 충분히 설명하지 못한 무의식의 구조와 원리를 탐구하기 위해 수학, 특히 러셀과 화이트헤드의 『수학 원리』(1910)를 공부했다.

1940년에 미국 존스 홉킨스 병원, 그리고 노스캐롤라이나의 듀크대학과 뉴욕의 메디컬센터에서 진료하면서도 수학적 논리를 탐구하고 연구하는 작업을 이어 갔다. 1940년대 중반 칠레로 돌아와 칠레대학교 정신의학과 의장을 맡아 남미의 정신분석과 치료 모델을 혁신했으며 동료들과 함께 칠레 정신분석학회(CPA)를 창립했다.

그는 프로이트가 『꿈의 해석』을 통해 무의식의 본질을 설명한 것이 인류에 대한 그의 가장 큰 공헌이라고 생각했다. 하지만 이후 정신분석의 흐름은 여기서 벗어나 길을 잃었다고 보았다. 이를 보완하기 위해 50년간의 임상 경험에 수학 논리를 적용해 직접 개발

---

[*] 이하 에릭 레이너의 책 참고. Rayner, E. (2003). *Unconscious logic: An introduction to Matte Blanco's bi-logic and its uses*. Routledge.

한 독특한 대칭-비대칭의 층화된 구조 모델은 정신분석학계에서 매우 독창적인 것으로 평가받는다. 저서로 『무한집합으로서의 무의식』The Unconscious as Infinite Sets(1975)과 『생각, 느낌, 존재』Thinking, Feeling and Being(1988)가 있다.

이냐시오 마테 블랑코

질베르 시몽동[*]   Gilbert Simondon, 1924~1989

프랑스 철학자. 질 들뢰즈, 브뤼노 라투르, 베르나르 스티글러에게 영감을 준 개체화론의 창시자로 유명하다. 박사학위 주논문과 부논문 중 부논문이 먼저 책으로 출간되었는데 이것이 바로 기술 철학 분야의 고전으로 알려져 있는 『기술적 대상들의 존재 양식에 대하여』Du Mode d'existence des objets techniques다. 이 책은 시몽동을 단번에 주목할 만한 철학자로 만들었을 뿐만 아니라, 기술과 인간의 관계, 기술 발달의 의미와 전망에 대해 고민하는 사회학, 과학 철학, 인공지능, 로봇공학, 정보통신 기술, 문학비평, 그리고 미학 및 예술 분야의 학자들에게 지속적인 영향을 끼쳐 왔다.

그는 철학사의 근본적인 문제, 가장 중요하게는 개체의 문제와 정신-신체의 관계 문제에 몰두했고, 이를 가능한 한 철저하게 연구하려는 의도로 과학이 밝혀낸 사실들을 근거로 철학적 성찰을 체계화하는 독특한 방식을 선택했다. 따라서 철학자로서는 드물게 대학에서 물리학과 기계, 기술에 대해 심도 깊게 공부했고, 심리학 학사학위도 취득하였다. 1960년에 푸아티에대학 심리학부 교수로 임용되어 사회심리학과 심리생리학 강의를 하면서 실험심리학 연구소를 설립했고, 1969년에는 파리 제5대학 심리학부 교수로서 심리학을 강의하면서 일반심리학 및 기술 연구소를 세우기도 했다. 심리

---

[*]   이하 질베르 시몽동 공식 홈페이지 참고. https://gilbert.simondon.fr/content/biography

학에 대한 열정과 물리학, 광물학, 기술, 기술공학, 기계학, 정보학, 분자생물학에 관한 지식을 통합한 시몽동의 개체화론에는 물질과 생명, 정신과 집단의 복잡한 차원들을 '개체화'라는 하나의 프로세스로 설명해 내는 매우 창의적인 통찰이 잘 녹아 있다. 고대 그리스 철학자 아낙시만드로스와 프랑스 철학자 바슐라르, 베르그손, 캉길렘, 그리고 메를로-퐁티의 영향을 일부 받았지만 동시에 그를 넘어서는, 시몽동 고유의 세계를 세웠다고 평가받는다.

이 책은 박사학위 주 논문 『형태와 정보 개념에 비추어 본 개체화』 L'individuation à la lumière des notions de forme et d'information의 내용을 토대로 그의 생성의 존재론을 살펴보았다.

일러두기

1. 본문에 직접 인용된 이냐시오 마테 블랑코의 문장은 I.M.B.로,
   질베르 시몽동의 문장은 G.S.로 큰따옴표 없이 고딕체로
   표기하였으며, 각각의 출처는 각주를 달아 제시하였다.

2. 외래어 표기는 2017년 국립국어원에서 펴낸 외래어표기법을
   따르되, 관례가 굳어서 쓰이는 것들은 그에 따랐다.

3. 단행본·정기간행물 등의 제목에는 겹낫표(『 』)를,
   논문·단편·영화·미술작품 등의 제목에는 낫표(「 」)를 사용했다.

차례

머리말 ‹7›

이 책을 읽기 전에 ‹13›

이냐시오 마테 블랑코 ‹16›

질베르 시몽동 ‹18›

1부 연결에 대한 열망, 연결에 대한 공포

1장 · 가설 ‹25›

2부 이냐시오 마테 블랑코: 무한의 인식론

2장 · 물처럼 와서 바람으로 가는 우리는 ‹63›

3장 · 제3의 무엇 ‹115›

3부 질베르 시몽동: 무한의 존재론

4장 · 생겨나는 것들 사라지는 것들 ‹137›

5장 · 하나의 호흡 ‹187›

1부

[연결에 대한 열망, 연결에 대한 공포]

나는 가설이다 만들어진 이야기다

이름이 있는 것들은 다 그렇다

그 이름을, 가설을, 자아를 한 겹 두 겹 세 겹

지워 나가다 보면 어느 순간 텅 비어

나는 없고 너만 있다

너도 없고 나도 없다

아무것도 아닐 때 나는 어디에나 있다

"가능한 것에는 이름을 짓고 불가능한 것에는 응답
하기."[1]

평생 은둔해 살았던 프랑스의 작가이자 사상가 모리
스 블랑쇼는 '응답'이야말로 말의 비밀스러운 운명이며
이것은 종종 시의 형태로 나타난다고 보았다. 그의 표현
대로 시는 응답이다. 불가능을 말하기 위해 있는 것이
아니라 불가능에 응답하기 위해 있다. 아직 들리지 않는
것에 대한 응답. 미지의 것에 대한 초조한 기다림과 존
재에 대한 강렬한 희망을 담아내는 응답.

이름 짓기는 이것과 저것을 나누어 차이를 등록하는
행위다. 구별되지 않는 것에 이름을 붙일 수는 없다. 귤
과 오렌지가 서로 구별되지 않았다면 그것은 애초에 귤,

---

1   Blanchot, M. (1992). *Infinite conversation* (S. Hanson, Trans.). University
of Minnesota Press. p. 48.

혹은 오렌지라는 하나의 이름으로 불렸을 것이다. 이름 짓기는 의식의 영역에서 일어나는 비대칭적 사건이다.

반면, 응답하기는 온 존재가 온 존재를 향한다. 응답을 기다리는 사람에게는 늘 초조한 기다림과 존재에 대한 열망이 있다. 그러한 기다림과 열망을 받아주고 담아내는 행위가 응답이다. 응답은 일방적이지 않다. 상호 주관적이며 양방향을 향한다. 내가 네게 응답하는 행위는 결국 세계에 대한 응답이기에 여기에는 차이와 구별이 없다. 응답은 무의식의 영역, 대칭적 존재에서 나온다.

02

며칠 전 나는 길바닥에 앉아 있는 아이를 보았다. 네댓 살쯤 되어 보이는 여자아이는 매우 화가 나 있는 듯했다. 주변에 보호자가 없나 둘러보았다. 저만치 떨어져서 아이의 엄마와 언니가 기다리고 있는 것이 보였다. 나는 앉아 있는 아이를 가만히 보았다. 아이는 갑자기 벌떡 일어서서 외쳤다. "나 뚱땡이 아니야!"

나는 생각했다. 응, 내가 보기에도 너는 뚱땡이 아니야. 아이는 갑자기 주먹을 쥐고 엄마와 언니 쪽으로 달려가면서 소리를 질렀다. "나 뚱땡이 아니야, 아니라고! 뚱땡이 아니야!"

아마도 언니 쪽이 장난으로 뚱땡이,라는 말을 했나보다. 그런데 동생 쪽은 장난기가 전혀 없이 매우 진지한 얼굴이었다. 진심으로 화가 난 것이다. 너무 화가 나서 혼자 길바닥에 앉아 시위를 하고 있는 것이었다. 엄마와 언니는 그런 시위가 익숙하다는 듯, 멀찌감치 기다리고 있었다. 달래줄 생각이 별로 없는 것이다.

성숙한 사람들은 자기 안에 '긍정적인 면'과 '부정적인 면'이 모두 있음을 안다. 하지만 인지 발달이 아직 충분히 이루어지지 않은 어린아이들에게 '너는 나빠'라고 하면 '아니!'라고 외치면서 눈물을 흘리며 쫓아올 것이다. 복잡성에 대한 이해가 없으면 자기 안에 '나쁜 것'을 둘 수가 없기 때문이다. 부족한 것, 결핍, 흠, 단점, 나쁜 측면을 내 안에 얼마나 보유할 수 있는가, 부정적으로 느껴지거나 이상하고 모호한 것들과 얼마나 공존이 가능한가, 하는 것이 곧 인간의 성숙도를 의미한다.

자신의 흠이나 실수를 받아들일 수 없어서 타인 탓을 하거나 상황 탓을 하며 공격성을 밖으로 토해 내거나 과도한 자기 비하, 자기 비난으로 과장된 반응을 하는 이들은 자기 안에 부정적인 면을 둘 수가 없는 것이다. 이들은 누군가를 '좋은 면'만 가진 사람으로 만들어 이상화하거나 '나쁜 것'만 가득한 사람으로 만들어 폄하한다. 자기 자신에 대해서도 마찬가지다. 복잡하고 모호한 나, 알 수 없고 규정할 수 없는 현재의 나를 회피하고 생각으로 통제하기 위해 비현실적인 이상화와 폄하 사이를 왔다 갔다 한다.

03

양육자의 돌봄 없이는 생존 자체가 불가능하게 태어나

는 우리는 전적으로 양육자에게 의존하며 어린 시절을 보낸다. 양육자는 조부모일 수도 있고 이모나 고모 등 다른 사람일 수도 있지만 편의상 부모라는 용어로 양육자를 통칭해 설명하자면, 아이에게 부모는 곧 세상 전부라고 할 수 있다. 아이는 부모를 통해 생존하고 적응하며 한 발 두 발, 낯선 세상으로 나아간다. 따라서 어린아이에게는 부모를 안전하다고, '좋은 사람'이라고 믿어야만 하는 절박한 이유가 있다. 생과 사를 가르는 전적인 의존이기 때문에 부모에게서 좋은 점과 유리한 점만 취하고, 나쁜 점이나 불리한 점은 버리는 식으로 유연하게 조절할 수가 없다. 생존을 위해서는 선택의 여지가 없이 부모에게 매달리도록 되어 있는 것이 인간의 조건이다. 그러다 보니 부정적인 경험이나 불쾌하고 힘든 경험을 할 때 그것이 부모의 부족함이나 결함으로부터 왔다고 생각할 수가 없는 것이다. 자동적으로 '나에게 문제가 있어서' 처벌을 받거나 괴로움을 경험하는 것이라고 생각하게 된다. 인지 능력이 충분히 발달하지 않은 아이들은 복잡한 현실을 파악하기 어렵기 때문에 단순히 '좋은 편과 나쁜 편', '잘함과 못함' 등의 이분법적 사고를 하게 되는데, 어떠한 이유로든 힘든 경험을 계속하게 되면 '내가 나쁘고 내가 못한 것'이라는 느낌을 무의식중에 형성하게 된다. 그러니 어린 시절 성장 환경이 불안정하고 스트레스 요인이 많은 경우에는 현실의 무게만큼 자기 자신을 더 부정적인 느낌으로 각인하게 되는 것이다. 따라서 어렸을 때 힘든 경험을 많이 한 사람일수록 '내가 나쁘다, 내게 문제가 있다'라는 생각과 느낌을 뿌리 깊게 가지게 된다.

내게 근본적인 결함이 있다는 생각은 중립적인 상황조차 부정적인 것으로 해석하게 만든다. 이를테면 무표정한 얼굴, 아무 말이 오가지 않는 상황을 견디기 어려워서 과잉으로 말하거나 행동하게 하고 돌아서면서 '괜찮았는지' '잘한 건지' 자신의 말과 행동을 점검하게 한다. 계속 과도하게 뭔가를 하게 하거나 조급함에 금방 싫증 내고 포기하게 만든다.

실시간 일어나는 현재 경험의 복잡성, 모호함은 미묘

한 불안을 일으키는데, 이러한 개인적 특성까지 더해지면 '나에게 문제가 없었는지' 더 자주, 더 심하게 검열하게 되고 무언가에 의존하거나 집착함으로써 현재의 불편한 느낌, 곧 자기 자신으로부터 도피하려는 시도를 반복하게 된다. 극단적인 경우가 중독이다.

04

자신에 대한 막연한 부정적 느낌은 '현재의 나'를 회피하려는 의도를 갖고 있다. 자신에게 근본적인 문제가 있다고 생각하기 때문에 관계에 마음을 열기가 쉽지 않다. '있는 그대로의 나'를 그대로 사랑해줄 사람은 없고, 자신의 진짜 면모, 소위 '바닥'을 알게 되면 모두가 떠날 거라는 암묵적 믿음을 가지고 있다. 그래서 누군가와 친밀해지는 것을 두려워하기 때문에 '진짜 관계'를 회피한다. 서로 대등한 수평의 연결보다는, 주고받는 것이 확실한 수직의 권위를 편안하게 여긴다. 자신을 개방하지 않기 때문에 서로의 경험에 대해 관심을 갖고 듣는 것이 부담스러워서 멀찌감치 떨어져 각자의 책임과 의무 뒤에 숨는다. 성실하고 일관되게 자기 역할만 잘 해내면 좋은 관계가 될 거라 믿으며 내가 노력한 만큼 상대방도 최선을 다하고 있는지 확인한다.

서로 평등하게 연결되어 있을 때 두 사람은 서로를 존중하고 사랑하며 서로의 변화와 성장을 격려하고 응원한다. 반면 수직의 의존으로 유지되는 두 사람은 서로에게 방어적으로 거리를 두고 있으며 마음을 닫고 있다. 예측대로 통제되어야 하는 폐쇄된 시스템이기에 상대방의 변화를 원치 않는다.

정신적 어려움은 대개 현재를 대면하지 않기 위해, 현재를 회피함으로써 일어난다. 우리는 오직 현재에 살고 매 순간의 현재는 복잡하고 모호하다. 실시간 내가 경험할 느낌은 예측하거나 통제할 수 없다. 생각을 계속 돌리며 현재를 회피하는 사람들은, 나쁜 일이 일어나거나 위협적인 상황이 펼쳐질까 봐 두려워하는 것이 아니다. '알 수 없음' 그 자체를 피하려는 것이다. 현재의 무한함, 광대함, 모호함을 견디지 못하는 사람들은 억지로 생각을 만들어 내어 '이러이러하다'라고 분석하고 이름 붙인다. '내가 이러이러하다', '이 관계는 이러이러하다', '저 사람은 이리이러하다'.

이름 붙이는 순간 그것은 과거, 그것도 전부가 아닌 매우 일부 과거를 담고 있는 것이고 지금의 변화를 담아내지 못한다. 현재는 생각이나 말로 규정할 수 없다. 현재의 나도, 그도, 이 관계도 그러하다. 하지만 모호함, 예측 불가능성을 견디지 못하는 사람들은 자꾸 경험을, 나를, 관계를 생각으로 정리하고 통제하려고 한다. 안될 일을 억지로 하려 하니 생각이 많아지고 괴로워진다.

05

"개별 경험은 매우 빈곤하며 즉각적인 삶입니다. 지금 고동치는 따뜻한 붉은 피입니다. 그것은 최고의 전통보다 진리를 추구하는 사람에게 더 설득력이 있습니다. 즉 각적인 삶은 항상 개별적입니다. 왜냐하면 삶을 운반하는 것은 개인이고, 개인에게서 나오는 것은 무엇이든 독특하고 일시적이며 불완전하기 때문입니다. 특히 그것이 꿈처럼 비자발적인 정신적 산물의 문제라면 더욱 그렇습니다. 많은 이들이 같은 문제를 갖고 있다 하더라도, 같은 꿈을 꾸는 사람은 아무도 없으니까요. 그러나 절대적으로 고유하게 다른 개인이 없는 것처럼, 절대적으로 고유하게 다른 개별적 산물도 없습니다."[2]

스위스의 정신과 의사이자 분석심리학의 창시자 칼 구스타프 융의 말이다. 그는 1937년 예일 대학교에서 열린 강의 자리에서 우리의 개인적 경험, 매 순간의 즉각적 경험이 불러일으키는 모호함과 불완전성을 섬세하게 그려 냈다.

---

2   Jung, C. G. (1939). *Psychology and Religion* (The Terry Lectures Series). Yale University Press. p. 63.

매 순간의 경험은 늘 새롭고 고유하다. 이전의 어떤 경험과 비슷할 수는 있어도 똑같지는 않다. "같은 강물에 두 번 발을 담글 수는 없다"라는 헤라클레이토스의 명언처럼, 어떤 대상도 상황도 이전과 같은 것일 수는 없다. 하지만 많은 경우 우리는 매번 이미 경험한 것을 다시 경험하는 것처럼 자신을 속인다. 현재의 고유함이 주는 낯선 느낌, 당혹스러움, 미세한 불안을 피하기 위해, 기억과 선입견을 동원해 매 순간의 현재를 과거로 만들어버리는 데 능하다.

예를 들어 지금 당신이 토마토 하나를 먹고 있다고 해 보자. 토마토를 한 입 베어 물었을 때, 특유의 향기와 더불어 단맛, 짠맛, 신맛 등이 입안에 가득 찬다. 지금 내가 먹는 토마토는 오로지 지금에만 있다. 어제의 토마토도 아니고 작년에 먹은 토마토도 아니다. 매 순간 다른 토마토, 다른 경험이다. 경험의 즉시성과 새로움에 마음을 여는 사람에게는 그 순간 그 토마토가 '전부'이기 때문에 판단이 일어날 틈이 없다. 다른 것과 비교하지 않는다.

하지만 우리는 토마토 하나조차 온전히 경험하지 못한다. '지난번에 산 것보다 맛이 없네', '여행 갔을 때 먹은 토마토는 그렇게 맛있던데, 이건 별로네', '가격은 올랐는데 품질은 떨어지네', '토마토가 왜 이렇게 심심하냐. 드레싱 뿌려서 샐러드나 해야겠다'와 같은 판단으로 지금의 경험을 덮어버린다. 지금 눈앞에 있는 토마토는 '유일한 전부'가 아니라 수많은 과거의 토마토들과 비교당하는 '흔한 일부'가 된다.

사람을 만날 때에는 왜곡이 더 심해진다. 지금 내가 만나는 사람에게 전념하고 귀 기울일 때에는 그 사람이 '전부'가 된다. 그럼으로써 그 순간의 경험도, 나도 '전부'가 된다. 처음 만난 사람이든 이미 알고 지내던 사람이든, 만남의 매 순간에는 고유하고 다르고 새로운 면이 있다. 하지만 과거 경험을 떠올리며 '그 사람과 비슷하네', '그 사람보다 좋다', '그 사람보다 별로네' 하며 비교하고, '이 사람은 나를 어떻게 생각할까?' '옷도 세련되게 잘 입었네. 저 셔츠 명품 아냐?', '이렇게 말해주면 좋아하겠지?', '이 사람은 자주 만났으면 좋겠네'와 같이 자기 예상과 생각에 빠져 있는 사람들은 그 순간의 '만남'을 사실상 회피한다. 지금의 만남을 '유일한 전부'가 아니라 수많은 과거 경험과 비교하면서 '흔한 일부'로 전락시키고, 그럼으로써 나 자신과 상대방도 비교하고 판단하는 대상으로 전락시키게 된다. 어느 누구도 의견을 묻지 않는데 매사 좋다, 싫다, 그때보다 낫다, 못하다, 옳다, 그르다 평가하고 판단하는 비평가, 심판관 노릇을 하기 바쁘다. 이런 방어적 습관은, 만남의 순간에 들어 있는 모호함과 예측 불가능성을 회피하면서 굳어진 것이다.

06

현재는 모든 것이 될 수 있어서 아무런 특성이 없다. 매 순간은 복잡하고 모호하며 불확실하고 예측 불가능하여 규정할 수 없다. 현재의 '나' 또한 마찬가지다. '나'는 경험의 총체이며 시간적 존재이기 때문에 시간과 함께 변화한다. 우리는 현재에 살아가며 현재의 경험이 '나'를 만들어 간다. 그런데 현재는 잠재력과 복잡성으로 꽉 찬 거대한 허공과 같으므로 나 또한 잠재력과 복잡성으로 꽉 차 있는 허공이라 할 수 있다. 현재는 이것과 저것 사이에 있으며 아직 무언가가 되지 않은 틈들의 연속이다. 그 틈에서 낡은 것은 죽고 새로운 것이 탄생한다. 삶은 오직 현재, 무수한 틈들에 있으며 깨달음이란 다만 그 틈을 포착하고 새로 태어나는 일이다. 나는 이러이러한 사람, 내 삶은 이러이러하다며 죽은 과거를 끌고 다니는 것은 과거를 무한 복제하는 가짜 삶이다. 새로운 경험을 차단하기 위해 생각으로 예단하고 분석하는 사람들은 익숙한 과거에 안주하고 의존함으로써 현재의 모호함과 복잡성을 회피한다.

내가 어떠어떠하다고 설명하는 것은 과거에 대한 분

석과 해석이므로 생각이나 말로 규정되는 순간, 이미 지나간 일이라고 할 수 있다. 마음의 문제들도 마찬가지다. 실시간 일어나는 상호작용이어서 매 순간 변하고 달라지기에 언어로 붙들어 맬 수 없다. 틀 안에 넣는 순간 왜곡이며 이내 변하고 달라진다.

관계도 실시간 변하는 상호작용의 연속이며, 내가 오직 현재에 살아가듯 관계도 현재에만 살아 있다. 두 사람이 얼굴을 마주하고 서로에게 귀 기울여 들을 때 그들은 지금 진짜로 만나고 있다. 두 사람이 한자리에 앉아 있지만 한 사람은 '우리의 과거'를 추억하고 한 사람은 '우리의 미래'를 걱정한다면 그 둘은 사실상 만남을 회피하는 셈이다. 지금의 만남에 발 담그지 않고 '현재'를 회피하고 있다.

'관계'를 잘하는 법에 대한 조언은 넘치도록 많지만 그럼에도 불구하고 큰 도움이 되지 못하는 이유는, 그 조언들이 대개 자기-타자 관계가 하나임을 간과하기 때문이다. 나 자신과의 관계가 거칠고 투박한데 예쁜 말을 배운다고 관계가 잘 될 수 있을까? 관계의 요령, 기술을 익힌다고 좋은 관계로 나아갈 수 있을까?

사람들이 관계를 힘들어하는 이유는 방법을 몰라서가 아니라 감정이 관련되어 있기 때문이다. 관계는 무의식적이며 감정을 불러일으킨다. 관계가 힘들다면 그로 인한 감정이 힘들다는 것이고, 관계를 피한다는 건 그 감정을 피하고 있음을 뜻한다.

모든 관계의 문제는 감정의 문제이며 매 순간의 경험을 어떻게 받아들이고 있는가의 문제다. 실시간 경험을 있는 그대로 받아들이고 경청하면 피할 것도, 없애야 할 것도 없다. 듣지 않으려고 애를 쓰면서 왜곡, 갈등, 증상이 일어난다. 경험을 통제하거나 회피하려는 노력이 감정의 문제와 관계의 어려움으로 이어진다.

여기서 '듣는다'는 행위의 의미를 곰곰이 생각해 볼 필요가 있다. 듣기란 수동적인 입력 행위가 아니다. 어떤 말이나 소리를 듣고 좋아하거나 싫어하는 순간의 반응과 해석을 포함하는 예측적 행위다. 다 듣기도 전에 우리는 생각하고 느끼고 추론하면서 마음의 창을 일부

닫아 두거나 아예 셔터를 내리기도 한다. 따라서 우리가 '듣는' 것은 상대방의 말이나 바깥의 소리가 아니다.

매번 자기를 듣고 있는 것이다. 듣지 않으려 함은 자기와의 단절, 혹은 경험으로부터의 회피이며 그것이 결국 감성적 어려움, 관계의 어려움으로 드러난다. 요약하면, 실시간 경험과 연결되지 않는 것이 곧 감정의 문제이자 관계의 문제다.

관계와 감정을 이해하려면 우리 경험에 들어 있는 모호한 측면을 전적으로 받아들여야 한다. 더 알아내려고 과거를 분석하는 것이 아니라 현재의 흐름에 발 담그는 것이다. 있는 그대로 함께하는 것, 지금 여기에 머무는 것, 현재로부터 도망가지 않는 것이 좋은 관계를 가능하게 한다.

07

영화 「추락의 해부」 Anatomy of a Fall 는 교통사고로 시력을
잃게 된 아들을 중심으로 이야기가 펼쳐진다. 사건 당
일, 남편 사무엘은 그날따라 이상하게 글이 잘 써져서
몰두하느라 아들의 유치원 픽업을 잊어버렸다. 뒤늦게
부랴부랴 달려갔을 땐, 기다리던 아이가 밖으로 나왔다
가 오토바이에 치여 쓰러진 다음이었다. 고통과 비탄에
빠진 부부는 아들과 함께 1년을 병원에서 지냈지만 시
력은 회복되지 않았다. 경제적으로도 힘들어진 가족은
몇 년 뒤 사무엘의 고향인 프랑스의 시골 지역으로 이
주하게 된다.

　아내 산드라는 이미 널리 알려진 중견 소설가, 사무
엘은 강의를 잘하는 유능한 대학 강사였지만 자신의 일
에 전혀 만족하지 못했다. 아내처럼 소설가가 되고 싶다
는 꿈을 내려놓지 못했기 때문이다. 사무엘은 조금이라
도 더 글 쓸 시간을 확보하기 위해 강의 시간을 줄여 가
면서도 다니엘의 홈스쿨링까지 맡고 있었다. 아들이 안

내견과 함께 산책도 다니고 피아노도 치고 책도 읽을 수 있었기에 산드라는 다른 아이들과 똑같이 학교에 다니길 바랐지만, 사무엘은 홈스쿨링을 고집했다. 게다가 병원을 오가는 불안정한 생활로 인한 재정적 어려움을 해결하기 위해 집의 일부 공간을 게스트하우스로 운영하겠다는 꿈을 갖고 있던 사무엘은 집을 개조하는 공사까지 직접 하고 있었다. 누가 보아도 남편에게 너무 많은 일과 부담이 몰려 있는 상황이었다. 주목할 사실은, 어느 누구도 시키지 않았지만 사무엘이 이를 자초했다는 것이다.

학교에서 강의하고 돌아오면 인테리어 공사를 하고, 아들을 돌보며 요리와 온갖 가사 업무까지 하던 사무엘은 힘든 나날을 보냈다. 정신과 상담을 다니면서 우울증 약을 한동안 복용하다가, 글이 써지지 않는다며 약을 끊기도 했다. 그를 힘들게 한 것은 경제적 부담이나 물리적 피로가 아니었다. 그의 어려움은 늘 '글을 쓸 시간이 없다'는 것이었다. 그는 아내에게 '나는 시간이 너무 부족해. 우리는 공평하지 않아!'라며 억울함을 호소했다. 하지만 산드라는 '집안일 때문에 글을 쓰지 못한다는 작가는 없다'며 '징징대지 말고 쓰던 글을 마저 쓰라'고 충고했다.

08

사무엘은 아내가 어떤 상황에서도 자신의 일에만 집중하면서 가사나 다른 일들은 돈으로 해결하려 하기 때문에 글을 계속 쓸 수 있었지만, 자신은 경제적 부담을 완화하기 위해 내키지 않는 강의도 하고 인테리어 공사도 하면서 이런저런 가사 업무로 소진되기 직전이라고 주장했다. 하지만 산드라는 상황을 매우 다르게 인식하고 있었다. 항상 남편과 동등하게 생활비의 절반을 부담해온 산드라는 오히려 사무엘이 '실패할까 봐 두려워서 자꾸 일을 만들어 내어 그 뒤에 숨는다'고 주장했다. 프랑스 시골로 이주하기로 결정한 것도 남편이었고, 게스트하우스를 운영하겠다고 결정한 것도, 집을 직접 공사하겠다고 결정한 것도 남편이었기 때문이다. 실제로 산드라는 소설만 쓴 것이 아니라, 신문사 칼럼 번역 등을 하면서 꾸준히 돈을 벌어 오고 있었다. 두 사람 모두 아들의 사고로 같은 시련을 겪었지만 산드라는 계속 글을 쓰면서 자신의 세계를 지키기 위해 분투했다. 그녀가 보기에 남편의 진짜 문제는 일이 많거나 시간이 없는 것이 아니라, 글을 쓰고 싶다고 말만 하면서 정작 회피하는 것에 있었다. 아들 때문에 바쁘고 가사 때문에 바쁜 것처럼 굴면서 자신이 희생하고 있다고 주장하는 남편에게 '당신은 희생자도 피해자도 아니며, 자기 기준이 너무 높기 때문에 시작도 못 하고 끙끙 앓고 있는 거다. 그냥 쓰던 글을 마저 완성하라'고 그녀는 외친다.

사무엘은 전혀 동의하지 않는다. '모든 것을 당신 마음대로 하면서 내 시간도 자유롭게 못쓰게 하는 당신은 괴물!'이라고 응수한다. 산드라는 '너그럽고 착한 사람인 척하지만 속은 비열하고 인색해. 자기 야망도 감당 못 하면서 마흔 되니 탓할 사람 찾네!'라며 한심하게 바라본다.

09

어느 쪽이 진실일까? 누구의 말이 더 사실에 가까울까? 누가 과장을 하고 있는 걸까? 긴장감으로 꽉 찬 장면을 따라가다 보면 어느새 배심원의 위치에 앉아 있는 나 자신을 의식하게 된다. 누구에게 죄가 있을까? 누가 더 나쁜 걸까? 이 영화는 실제로 남편의 추락사를 둘러싼 법정 공방을 다루고 있지만 그뿐만 아니라 시작부터 끝까지 내내 '이들은 어떻게 추락하였는가?'를 보여주는데 그 구도가 결코 단순하지 않다. 가해자와 피해자가 따로 있지 않고 선과 악이 따로 있지 않으며 누구의 말이 진실인지도 알기 어렵다. 현실의 복잡성과 모호함을 매우 절묘하게 담아낸 영화다.

산드라의 말대로 남편의 문제는 '회피'에 있었던 걸까? 하지만 산드라 역시 만만치 않은 수준의 회피를 보여준다. 그녀는 자신이 원치 않는 화제에 대해서는 미꾸라지처럼 빠져나가며 대화의 방향을 바꾸는 재주가 뛰어나다. 남편의 말을 진심으로 받아들이지 않고 남편의 눈물을 보아도 전혀 믿지 않는다. 심지어 '외도'를 한 일에 대해 남편이 비난을 하자 산드라는 '그건 생리적 욕구를 해결하기 위한 것이었을 뿐 무의미한 일이며 나는 여전히 당신을 사랑한다'고 일축하기에 이른다.

10

외도를 하는 사람들은 그 사실이 밝혀지면 대개 '별로 중요하지 않은 관계였다'고 평가절하하면서 일의 심각성을 축소하고 죄책감을 무마하려는 시도를 한다. 물론 '진짜 관계'를 찾아가는 과정에서 일어나는 시행착오에 해당하는 경우에는 오히려 그 중요성과 심각성을 그대로 인정하고 현재 관계를 정리하는 수순을 밟기도 한다. 하지만 더 흔하게는 배우자와의 친밀감을 회피하려는 무의식적 동기로 외도가 일어난다. 알콜 중독이나 약물 중독 등과 마찬가지로 현재의 자신과 현재의 관계를 회피하는 전략으로 쓰이는 것이다.

따라서 '우리 부부'는 견고하니 한두 번쯤 외도를 해도 부부 관계에 이상이 없다고 믿거나 여전히 배우자를 사랑한다고 말하면서 외도한 사실과 그 대상을 폄하하는 것은, 정신분석가 리처드 루벤스(Richard Rubens)[3]의 날카로운 분석대로 제3자를 이용한 "자기기만"이라고 할 수 있다. 이들은 친밀한 관계, 진짜 관계를 두려워한다. 자신을 개방하면서 서로 알아 나가는 진짜 관계를 맺을 용기가 없다. 성적으로든 정서적으로든 배우자를 속이면서 다른 관계를 바깥에서 유지하는 사람은 어느 누구와도 진짜 관계를 맺지 않는다. 제3자를 이용해 배우자와 거리를 두고, 배우자를 핑계로 제3자와도 안전한 거리를 확보하면서 만드는 가짜 관계다. 마음의 갈피를 잡지 못해 두 사람 사이를 왔다 갔다 하는 것처럼 보이지만 애초에 회피가 그 목적이므로 어느 쪽으로도 가지 않는다.

3   Rubens, R. (2017). *Polarities of experience: the psychology of the real.* Popolano Press. pp. 239-241.

산드라는 남편에게 회피하지 말고 현실의 자신을 있는 그대로 보라고 다그쳤지만, 그녀 역시 현실의 관계를 있는 그대로 보지 않고 끊임없이 회피하고 있었다. 누구보다도 서로의 강점과 매력을 잘 알고 있는 두 사람은 서로를 좋아하고 아꼈지만, 자신의 전부를 열어 성장시키는 진짜 관계를 맺을 용기는 없었다. 똑똑하고 매력적인 사람이었지만 자신의 능력을 인정하지 않았고 "나도 당신처럼 글 쓰고 싶다"며 소설가가 되고 싶어 했던 사무엘은 어쩌면 산드라의 세계로 들어가, 그녀의 관심과 존경을 받음으로써 관계를 공고히 다지려 했는지도 모른다. 친밀함이 부족한 관계를 돌파하기 위해 스스로 많은 역할을 떠안아 자신을 바쁘게 만듦으로써 불안을 낮추려 했는지도 모른다. 사무엘이 추락한 것은 아들의 사고에 대한 죄책감이나 아내에 대한 원망과 분노 때문이 아니다. 과중한 일에 대한 피로나 경제적 부담 때문도 아니다. 사무엘이 말한 것처럼 '글이 잘 써지지 않는 것'이 핵심 문제도 아니었다. 무의식 깊이 새겨진 '내가 무가치한 사람'이라는 믿음, '나에게 근본적인 문제가 있

다'는 생각이 두 사람을 고립시켰고 서로의 아픔에 공감
하지 못하게 했다. 자기 자신으로부터 계속 도망치고 있
었기에 두 사람은 만날 수 없었던 것이다.

11

"관계에서 우리가 두려워하는 친밀감의 강렬함과 직접
성을 낮추기 위해 우리가 사용하는 가장 보편적이고 흔
한 단 하나의 묘책은 바로 힘, 통제다."[4]

루벤스는 우리가 친밀감을 회피하기 위해 종종 힘을
사용한다고 보았다. 힘과 통제는 우리 자신의 행동을 잘
조절하고 여러 가지 자원을 적절히 쓰는 것에 필요하
다. 특정한 목표를 달성하기 위해 팀이나 조직을 운영
할 때에도 필요하다. 하지만 힘은 두려움을 은폐하기 위

---

4   Rubens. (2017), pp. 118-119.

해 교묘한 방식으로 쓰이기도 한다. 평등하고 가까운 관계가 불러일으키는 경험의 직접성을 감당하지 못하는 사람들은, 상대방이 자신의 밑에 있다고 느낌으로써 불안을 낮추려 하거나 정반대로 상대방이 자신보다 높은 사람이라고 여기며 순응하고 복종함으로써 긴장을 피하려 한다.

돈과 권력이 많거나 적거나, 머리가 좋거나 좋지 않거나, 외모가 독특하거나 평범하거나, 능력이 출중하거나 보통이거나, 나이가 많거나 적거나 관계없이 모든 사람은 평등하다. 평등이 먼저 있고 나서 친밀함, 가까움의 관계가 있다. 평등하지도 않은데 가까울 수는 없다. 만약 당신이 어떤 사람과 매우 가깝고 친하다고 믿으면서도 '평등하지는 않다'고 생각하고 있다면 그것은 기능과 역할을 주고받는 것일 뿐 진짜 관계는 아니다.

서열은 단순해서 편리하다. '위'와 '아래'가 정해지면 각자 주어진 역할과 기능만 충실히 하면 된다. 자신의 전부를 보여줄 필요가 없다. 변화가 필요 없는 닫힌 시스템이다. 반면, 열린 시스템에 해당하는 진짜 관계는 나의 전부와 상대방의 전부가 만나는 것이므로 복잡하다. 관계의 직접성이 갖는 모호함과 강렬함은 우리에게 종종 불편한 감정을 일으키기도 한다. 서로에게 귀 기울여 들으며 자신과 상대방에 대해 알아 가는 과정은 재미있고 의미도 크지만, 그만큼 용기를 필요로 한다.

12

우리 모두는 '진짜 관계'를 열망한다. 누구나 자신을 있는 그대로 봐주는 사람, 잘 보이려 애쓰지 않아도 되는 진실한 관계를 원한다. 뭔가를 해주고 그만큼 돌려받는 거래가 아니라, 조건 없이 서로 믿고 소중히 여기는 관계, 상대방에게 관심을 갖고 하나하나 알아 가며 이해해 나가는 관계를 통해 성장하기를 원한다. 누군가와 '좋은 관계'가 되려고 지나치게 애를 쓰는 사람일수록 관계가 잘되지 않는 것은, 그 노력이 대체로 방어와 회피로 작동하기 때문이다. 자신이 원하는 방식으로 상대방을 이끌려 하거나, 안전하고 익숙한 방식으로 의존하고 안주하려 하거나, 자기 틀에 갇혀 변화를 거부하다 보니 상대방을 그대로 보고 듣지 못한다. '친한 사이라면, 연인이라면 이 정도는 해줘야 한다'거나 '부부란, 가족이란 당연히 이러이러해야 한다'며 상대방을 통제하고 강요하는 사람은 관계를 중시하는 것이 아니라 사실은 관계를 맺을 용기가 없는 것이다. 그들은 의무의 교환, 기능의 거래를 통해 진짜 관계를 회피한다.

진짜 관계는 통제 밖에 있다. 풀숲으로 날아가는 새소리를 듣듯 어떤 의도나 생각 없이 오가는 상호작용에 그대로 마음을 열 때, 그 직접성과 즉시성에 발을 담글 때 관계는 살아 있다. 함께 웃음을 터뜨리고 함께 우는 것은 아이들에게는 제일 쉬운 일인데 나이 들수록 쉽지 않다. 머릿속에 너무 많은 생각과 걱정이 오가느라 그대로 함께하기 어렵다. 지금 이 순간의 경험, 실시간의 상호작용에는 새로움과 고유함이 있다. 그런 순간에 마음을 열 수 있으려면 자기 삶을 온전히 책임질 수 있는 성숙한 사람이어야 한다. 상대방에 대한 예측과 통제를 포기하고 불확실성과 모호함을 기꺼이 받아들이는 것이 진짜 관계다. 이를 감당할 수 없어서 미성숙하게 의존하는 사람들은 힘과 권력을 이용한다.

사회적 지위, 권력, 물질적 보상, 지적인 조언 등을 이용해 상대방을 내 뜻대로 움직이게 함으로써 의존하는 사람들은 남보다 늘 우위에 있어야 하기 때문에 자신이 누군가와 평등하다는 사실을 견디지 못한다. 나보다 더 힘이 있는 사람, 더 많이 알거나 더 성공한 사람에게 의존하는 사람도 마찬가지다. 타인을 지나치게 이상화하면서 의존하려 하거나, 타인을 무시하고 폄하하면서 함부로 대하는 것은 같은 뿌리를 갖는다. 바로 '나에게 근본적으로 결함이 있다'라는 생각이다.

권력에 이끌리는 수직의 의존은, 서로를 드러낼 필요가 없는 닫힌 시스템이므로 편리하고 안전하다. 예를 들어 한쪽은 일방적으로 결정하고 한쪽은 따르는 부부가 이에 해당한다. 서로 평등한 열린 시스템, 자신을 열어 성장시킬 진짜 관계를 감당할 용기가 없어서 수직의 의

존을 선택한 사람들은, 정체된 관계, 성장이 없는 지루한 삶을 부인하기 위해 대개 일이나 종교, 역할과 의무에 몰두한다.

13

일방적으로 타인에게 의존하는 사람들은 상대방을 있는 그대로가 아니라 자신의 욕망을 투영해 믿고 싶은 대로 보기 때문에 관계를 맺지 못한다. 의존하려는 기대로 다가가면서 상대방을 이상화했다가, 상대방의 약점이나 결핍, 한계를 맞닥뜨리면 폄하하면서 분노와 실망으로 돌아서기를 반복한다. 자신의 욕망이 좌절되어 화가 났다는 사실을 알아차리지 못한다. 그들에게 타인은 완벽하게 좋거나, 형편없이 나쁘다. 그 사이 어디쯤 있는 현실의 사람들을 있는 그대로 보지 못한다.

이들은 자기 삶에 대한 책임을 두려워하고 회피하기 때문에 타인을 왜곡하거나 부풀려서 본다. 하지만 그 상대역에 해당하는, 누군가를 일방적으로 돌보기만 하는 사람 또한 마찬가지다. 다른 사람의 문제를 매번 해결해주고 대신 결정해주면서 끊임없이 돌봐주는 사람은 겉으로 볼 때 책임감이 강하고 이타적인 훌륭한 사람으로 보인다. 하지만 늘 돌볼 누군가를 찾아다니는 사람들은, 타인에게 의존하고 보살핌을 받으려는 사람들과 똑같이 자기 삶에 대한 책임을 회피하고 있는 것이다.

어린 시절, 위협적이거나 불안정한 부모의 양육 환경에서 생존하기 위해 부모의 심리적 짐을 덜어주거나 동생들을 돌보며 애썼던 사람은, '돌봄 역할'로 자신의 불안을 낮추는 것에 익숙해진다. 반대로 이런 구도에서 돌봄을 받고 의존했던 사람들은 누군가에게 '의존하는 역할'로 관계 맺는 것을 편안하게 느낀다. 하지만 성장하면서 계속 비슷한 사람을 비슷한 방식으로만 만나는 자신을 보며 의문을 품게 된다. 처음에는 불만스러운 관계에 대해 상대방을 탓하거나 불운을 탓한다. 자신에게 익숙한 관계 방식과 역할을 고수하기 때문에, 그런 상대역이 될 만한 사람들에게만 이끌린다는 사실을 알기까지 꽤 오랜 시간이 걸린다.

돌보는 사람에게는 자신에게 의존해 줄 사람이 필요하고, 피해자를 자처하는 사람에게는 자신을 함부로 이용하는 사람이 필요하다. 이타적인 순교자가 되어야 하는 사람에게는 이기적이고 어리석은 상대역이 필요하다. 익숙한 역할이 익숙한 관계를 만든다. 이런 경직된 역할은 사실상 친밀한 관계를 회피하는 방어적 기능을 갖고 있다. 하지만 무의식적 수준에서, 어릴 때부터 차곡차곡 형성되기 때문에 몸을 움직이는 방식이나 자세처럼 알아차리기도, 바꾸기도 쉽지 않다.

서로의 영역을 침범하지 않고 삶의 책임을 각자가 지는 대등한 관계, 서로를 알아가고 귀 기울이는 친밀한 관계 안에서 우리는 성장한다. 익숙한 자기 역할과 패턴을 알아차리고 방어를 단념하는 것에서 관계는 시작된다. 역할과 힘이라는 방패 뒤에 숨어 상대방을 통제하고 규정짓는 것이 아니라 상호작용이 빚어내는 새로움과 모호함의 매 순간을 직접 경험할 때, 우리는 서로를 변화시킬 수 있는 열린 시스템으로, 진짜 관계로 존재한다.

14

왜 심리상담이라는 것이 있을까? 왜 사람들은 자신에 대한 얘기를, 모르는 사람에게 꺼내려 할까? 전문가가 나에 대해 모르는 것을 알려줄까 봐? 내가 모르는 무언가를 그들은 알고 있으니까 그걸 듣고 나를 바꾸려고? 전혀 그렇지 않다. 나보다 나를 잘 아는 "전문가" 같은 것은 없다.

삶은 역할, 기능, 과업으로 너무 빨리 지나가고 우리는 가까운 사이에서도 진실을 말하지 못할 때가 많다. 진실을 느낄 시간이 없었거나 허락되지 않아서, 혹은 불편한 진실보다 편리한 친절이 필요해서, 일상을 대충 잘 지내기 위해 우리는 뭔가 결정적인 순간들을 건너뛰며 표면을 살아갈 때가 많다.

그 뒤로 소화되지 않는 경험과 감정들이 남는다. 거기에 파묻힌 진실들을 발굴해 자신의 일부를 복원하기 위해 우리는 상담을 찾는다. 소화되지 않는 것들, 어딘가에 걸려 있는 것들을 소화하고 싶어서다. 여기저기 널려 있는 파편들을 연결해 온전한 전부가 되고 싶어서다. 이상하게 가족, 친구, 연인에게는 다 말하지 못하는 얘기들이 있다. 부담이 될까 봐, 상처를 주게 될까 봐, 혹은 그들의 평안을 깰까 봐 낯선 이를 찾는다. 게다가 그 낯선 이는 이상하고 무겁고 불편하고 불쾌한 얘기도 잘 들을 수 있도록 훈련이 되어 있다.

좋은 상담자는 공감을 잘하는 자도 아니고 이해를 잘하는 자도 아니고 지식과 경험이 풍부한 자도 아니다. 가장 좋은 상담자는 함께 진실의 순간이 되어주는 자다. 그러려면 상담자는 유능함을 발휘하려는 기대나 욕망이 없어야 한다. 상대를 치유로, 깨달음으로 나아가게 하겠다는 의도나 잡생각이 없어야 한다. 오직 매 순간, 그 현재에만 있어야 한다. 그 '현재'가 진실이기 때문이다. 말하는 자와 듣는 자가 진실에 연결될 때 거기에 있는 것은 두 사람이 아니다. 상담도, 명상도 무한이 무한을 만나는 일이다.

2부

[이냐시오 마테 블랑코: 무한의 인식론]

과거도 미래도 없이

만남과 이별만 있을지라도

무구한 생애 첫 하늘

날아오르는 오래된 날갯짓

멈출 수 없듯

물처럼 와서 바람으로 가는* 우리는

길어야 순간이고

짧아야 영원이다

* "I came like Water, and like Wind I go." FitzGerald, E. (2009). *Rubáiyát of Omar Khayyám*. Oxford University Press. p. 30.

15

우리 동네에 광인이 산다. 서너 명이 시끄럽게 싸우는 소리가 나서 창문을 열어 보면 으레 한 사람이다. 온갖 욕설을 퍼부으며 소리 질렀다가 나지막이 설득하다가 "나랏말싸미 듕귁에 달아"로 시작되는 일장 연설을 한다. 그는 아는 것도, 외우는 것도 많다. 이 동네에서 나고 자란 터줏대감이어서 아무도 건드리지 않는다. 오래된 나무처럼 그는 동네를 한결같이 지켜주고 있다.

정신 분열 환자들은 자기와 타인의 경계가 확실치 않다. 머릿속 생각을 마치 지나간 사람이 하는 말처럼 듣기도 하고, 라디오나 티브이에서 자신에 대해 험담을 한다고 믿기도 한다. 일반적인 인지 기능이 구별하는 시간의 전후, 공간적 앞뒤, 부분과 전체가 이들에게는 혼재되어 있다. 누구나 사실 그런 순간이 있다. 10년 전 일과 어제의 일이 뒤섞여 동시에 일어나기도 하고 내가 만난 사람은 분명 A였는데 B로 바뀌어 있거나, 내가 때린 것인지 그 사람이 나를 때린 것인지 확실치 않은 경험을 한다. 바로 꿈에서다. 꿈에서 우리는 시간 이동, 공간 이동, 자타 경계 넘나들기를 대수롭지 않게 한다. 정신의학자 이냐시오 마테 블랑코는 이것이 무의식의 대칭성에서 기인한다고 보았다. 대칭이란 A→B라면 B→A로 뒤집어도 같은 것을 말한다.

대칭적 존재함은 인간의 정상적인 상태이다. 이는 의식, 즉 비대칭적 존재함이 출현하는 거대한 기반이다. 의식은 인간의 특별한 속성으로, 이 무한한 기반을 바라보고 이를 설명하려고 시도한다. 그러나 있음의 경험은 설명될 수 없다. 우리는 나중에 감각이 그 자체로 일차적 경험이며 우리가 끊임없이 그것을 설명하려고 시도함에도 불구하고, 설명으로 환원될 수 없다는 것을 알게 될 것이다. 대칭적인 있음도 마찬가지다. 이런 의미에서, 인간 안의 두 가지 존재함의 방식 중 대칭적 존재함은 설명을 피하는 것처럼 보이는데, 이는 그것이 현상 밖에 있기 때문이다. 그것은 일어나는 것이 아니라, 그저 있는 것이다. 반면, 의식은 드러나는 만큼만 일어난다. 우리가 대칭적 존재함을 설명하는 모든 것은 부정확하다. 왜냐하면 대칭적 존재함은 정확하게 설명될 수 없으며, 말로 표현할 수 없는 것이기 때문이다.[1] —I.M.B.

16

현실에서는 많은 것들이 비대칭적이다. 우리가 하는 일상적 생각과 논리적 사고에는 늘 이 세 가지가 들어 있다. A, B, 그리고 그 둘 간의 관계. 대개의 경우 A와 B를 뒤집으면 말이 안 되거나 의미가 달라진다. 예를 들어 "나는 책을 읽는다"를 "책이 나를 읽는다"라고 뒤집을 수 없다. "민들레는 식물에 속한다"는 옳지만 "식물은 민들레에 속한다"는 그르다. "그 사람은 우리 위층에 산다"를 "우리는 그 사람 위층에 산다"라고 하면 의미가 달라진다. 이처럼 A와 B를 뒤집었을 때 말이 안 되거나 의미

1   Matte-Blanco, I. (1975). *The unconscious as infinite sets: An essay in bi-logic*. Routledge. p. 101.

2부   이나시오 마테 블랑코: 무한의 인식론

가 달라지는 경우를 "비대칭"적이라고 한다. 반면 "철수와 미미는 친구"라는 말은 "미미와 철수는 친구"라고 해도 말이 된다. 이처럼 A와 B를 바꾸어도 의미가 같은 경우를 "대칭"적이라고 한다. "영수는 희영이와 결혼했다", "앞의 것과 뒤의 것은 같다", "아침밥과 저녁밥은 다르다" 등의 대칭 관계는 일상에서 비대칭 관계보다 훨씬 드물게 나타난다.

일반적인 사고는 서로 구분 가능한 사물들과 그러한 사물들 사이의 관계를 다루는데, 만약 그 문장이 참이라면 동시에 거짓이 될 수는 없다. 이처럼 참이나 거짓 둘 중 하나의 값을 취하는 논리를 이치 논리bivalent logic라고 한다. 우리 의식은 대체로 이치 논리와 비대칭 관계를 사용해서 생각을 한다. 앞-뒤, 선-후, 위-아래, 부분-전체와 같이 시간의 순서, 공간의 구조, 움직임과 관련된 개념들은 모두 비대칭적이다.

그런데 마테 블랑코의 설명에 따르면, 무의식은 비대칭인 관계를 대칭적으로 취급한다.

예를 들어 시간성을 살펴보자. 사건 A(넘어졌다)가 일어나고 그다음 B(무릎에서 피가 난다)가 일어났다면 이것은 비대칭적인 관계에 있다. 무릎에서 피가 난 뒤에 넘어진 것이 아니기 때문이다. 우리는 자연스럽게 A가 먼저 일어났고 그다음 B가 일어났다는 것을 인식한다. 그런데 대칭화가 발생하면 A→B와 B→A를 동일시하게 되어 넘어진 것과 피가 난 것 사이의 순서를 알 수 없게 된다. 따라서 연속성이 가능하지 않게 되고, 시간 순서에 대한 인식이 사라지게 된다.

시간과 마찬가지로 공간의 기본 개념도 본질적으로 비대칭적 관계를 포함한다. 예를 들어, 한 직선 위의 두 점 A와 B가 있는데 B가 A의 왼쪽에 있다면, A는 (반대 방향으로) B의 오른쪽에 있어야 한다. 하지만 여기서 대칭화가 일어나면 우리는 'B가 A의 왼쪽에 있다'고 말할 수도 있고 'A가 B의 왼쪽에 있다'고도 말할 수 있다. 두 점은 서로 교환 가능해져서 구별할 수 없게 된다. 그러면 공간의 개념이 사라지게 된다.

17

이뿐만이 아니다. 대칭화는 부분과 전체의 구별도 사라지게 한다. '책이 가방 안에 들어 있다'와 같은 비대칭적 관계를 대칭화하면 '가방이 책 안에 들어 있다'가 된다. 따라서 책과 가방은 같은 것이 된다. '월요일은 일주일의 일부'이지만, 대칭화하면 '일주일은 월요일의 일부'이기 때문에 월요일이 일주일과 같은 것이 된다. 이처럼 대칭화는 시간의 순서, 공간적 구조를 무너뜨리기 때문에 부분과 전체의 구별을 사라지게 한다. 대칭이 지배하는 곳에서는 어떤 클래스 전체가 그 구성 요소와 동일하게 경험된다.

한두 가지의 요소를 전체와 동일시하는 것이 우리에게 아주 낯선 현상은 아니다. 특정 지역이나 국적, 인종, 성별에 대한 편견이나 선입견은 일부를 전체와 동일시하는 대칭화에 해당한다. 누구나 비대칭적인 것을 대칭화하는 오류를 범한다. 어느 정도로 심각하게, 경직되게 하는가의 차이가 있을 뿐이다. 시험에 떨어졌을 때 '이

번에는 실패했다'라고 말하는 것이 보통이라면, 신경증 수준의 우울증 환자는 '나는 늘 실패만 한다'라고 생각한다. 이보다 심한 정신증 수준의 환자라면 '나 자신이 곧 실패다'라고 인식할 수 있다. 대칭화는 부분을 곧 전체로, 구체적인 것을 추상적인 것으로 만들어버린다. 대칭화가 극단으로 나아가면 주체도 대상도 사건도 없이 오직 '실패'라는 술어만 남는다. 엄마와의 관계에서 좌절을 많이 겪으면 처음에는 엄마를 미워하다가 나중에는 '여성 혐오'로 추상화되고, 더 나아가 '혐오'로 추상화되어 남, 여, 자기, 타인 등 상대를 가리지 않고 공격하는 만연한 혐오로 팽창되기도 한다.

이처럼 성공과 실패, 선과 악, 아름다움과 추함, 좋고 싫음과 같이 극단적인 양자택일로 몰아가는 원시적 추상화 논리 또한 무의식에 들어 있다. 대칭화만 있다면 모든 구별이 사라지기 때문에 '좋고 싫음'도 없어야 한다. 하지만 역설적이게도 무의식은 이러한 선택적 대칭화와 더불어 이분법적으로 나누는 것에 능하다. 이를 마테 블랑코는 이중 논리bi-logic라고 부른다. 다른 것을 같

은 것으로 만들어버리는 대칭화, 그리고 그 안에 들어
있는 과장된 이분법적 비대칭성이라는, 참으로 모순된
두 가지 논리. 그는 이 이중 논리가 우리 무의식의 본질
적 특성이자 모든 정신병리의 근원이라고 보았다.

18

대칭과 비대칭에 대해서 좀 더 살펴보자. 놀이나 예술,
감정이나 꿈 등에서도 대칭화는 종종 발견된다. 의식의
비대칭 기능이 작동하고 있을 때에는 문제가 없다. 예를
들어 대칭화는 이런 시를 가능하게 한다.

"입이 없어 말할 수 없고
손이 없어 만질 수 없고
다리가 없어서 네게 갈 수 없는
나는 나무."

은유와 상징이 가능한 것은 실제로는 그것이 아니기 때문이다. 마찬가지로 숲에 놀러 간 아이는 "엄마, 나는 나무예요"라며 두 팔 벌려 가만히 서 있을 수 있다. 아이가 나무 흉내를 낼 수 있는 것은 실제로는 나무가 아니기 때문이다. 대칭이 없으면 은유가 없고 은유가 없으면 상상의 놀이도 없다. 하지만 아이가 만약 비대칭적 관계에 대한 인식의 틀을 가지고 있지 않으면, 놀이가 망상으로 무너지고 아이는 자신이 단지 나무라고 믿게 된다.

그러면 정신증 증상이 되는 것이다.

마테 블랑코는 정신 분열 환자들이 부분과 전체를 동일시하거나 시간상 앞뒤를 바꿔버리는 독특한 대칭 논리를 갖고 있음을 발견[2]했는데, 예를 들면 혈액검사를 위해 팔에서 혈액을 채취했을 때 '팔을 떼어 갔다'는 망상을 호소하는 환자들이 있었던 것이다. 이들에게 팔의 혈액은 팔, 즉 부분과 전체는 동일시되었다. 자신이 아버지와 "세포를 교환했다"라고 주장하는 환자는, 아버

2   Matte-Blanco. (1975), p. 137.

지가 자신을 낳아 세포를 주었듯이, 자신도 똑같이 아버지에게 세포를 나눠주었다고 믿고 있었다.[3]

비대칭적인 것을 대칭적인 것으로, 부분을 전체로 인식하는 이러한 현상은 조현병 환자에게서 두드러지게 나타났는데, 이들은 논리 규칙을 완전히 무시하는 듯하면서도 다른 한편으로는 흠잡을 데 없는 논리적 추론을 하고 있음을 보여주었다. 수학의 논리와 정신분석 이론을 연결하는 데 심취했던 마테 블랑코는 이런 질문을 던졌다.

"부분집합이 전체집합과 동일할 때는 언제인가?'

19

일부가 전체와 같을 때, 즉 부분집합이 전체집합과 같

3   Matte-Blanco. (1975), p. 54.

은 수의 원소를 가질 때는 언제인지를 수학적으로 탐구했던 그는 무한 개념을 선구적으로 연구했던 독일 수학자 게오르크 칸토어Georg Cantor에게서 그 답을 찾는다. 그것은 "오직 집합이 무한일 때"였다. 왜 무의식은 이중 논리bi-logic 구조를 따를 수밖에 없는지 20여 년의 집요한 탐구를 담은 그의 저서 『무한집합으로서의 무의식』The Unconscious as Infinite Sets의 논리를 간단히 살펴보기로 하자.

무한집합을 정의하는 한 가지 방법은 그 원소를 셀 때 개념적으로 끝에 도달하지 않는 집합이라는 것이다. 다시 말해 셀 수 있는 한계가 없다는 것인데, 우리는 이와 유사한 심리적 경험을 해 본 적이 있다. '끝이 없음', '경계가 없음', '제약이 없음', '통제되지 않음' 등의 느낌이다. 웅장한 대자연 앞에서 느끼는 경외감, 그와 내가 마치 하나가 된 것 같은 느낌, 한없는 사랑의 감정, 통제되지 않는 분노가 치밀어 올라 누군가를 해칠 것 같은 두려움 등이 그 예이다. 우리가 일상에서 '무한'을 경험할 때는 대개 깊은 감정, 강렬한 감정을 느낄 때다.

부분이 전체와 같아지는 역설을 이해하기 위해 수학으로 잠깐 돌아가 보자. 1, 2, 3, 4, … 등으로 이루어진 자연수 전체의 집합이 있다고 하자. 셀 수 있는 마지막 수는 무엇일까? 당연히 모른다. 자연수 중에 가장 큰 수를 우리는 특정할 수 없다. 여기에는 한계가 없으므로 무한집합이다. 이제 이 집합의 부분집합을 하나 떠올려 보자. 모든 짝수로 이루어진 부분집합을 생각해 볼 수 있다. 2, 4, 6, 8, …로 이어지는 짝수의 집합, 이 경우에도 마지막 수를 알 수 없다. 무한집합이다. 자연수로 이루어진 무한집합과, 그 일부에 해당하는 짝수로 이루어진 무한집합이 있다. 둘 중 어느 것이 클까? 답은 '같다'.

수학자들의 설명에 따르면, 어떤 집합과 다른 집합이 일대일대응이 될 경우 이 두 집합의 크기는 같다고 한다. 자연수 집합과 짝수 집합을 나란히 놓고 하나씩 대응시켜 보자. 자연수 집합 1, 2, 3,…에 2를 곱한 짝수를 대응하면, 모든 자연수마다 오직 하나의 짝수가 대응한다. 일대일대응이다. 따라서 두 집합의 크기는 같고, 짝수는 자연수와 동일한 수만큼 존재한다. 이는 짝수가 자연수의 부분집합이라는 사실에도 불구하고 그러하다. 이러한 부분=전체 동등성은 무한집합을 특징짓는 매우 특이한 역설로, 유한집합에서는 나타나지 않는다.

개념적으로 직선은 무한 킬로미터 길이가 될 수 있고, 1밀리미터의 선은 무한한 개수의 선으로 나눌 수 있다. 우리 눈에 보이는 작은 점이라고 해도 수학적으로 쪼개고 쪼개면 그 안에는 무한한 구가 들어 있다. 0과 1 사이에는 0.5가, 다시 0과 0.5 사이에는 0.25가, 다시 0과 0.25 사이에는 0.125가, 0과 0.125 사이에는 0.0625가 들어 있는 것처럼 무한히 쪼개면 무한한 수들을 발견할 수 있듯 말이다.

20

이러한 논리는 우리 경험과 정신세계에 어떻게 적용할 수 있을까? 정신적으로 무한은 어떻게 나타날까? 우리는 이따금 누군가를 이상화idealization한다. 특정 연예인,

운동선수, 종교인, 정치인, 작가나 교수, 혹은 어떤 캐릭터나 동물에 열광하며 모든 것을 알고 싶어 하면서 흠모하는 감정으로 꽉 차 있을 때 우리는 자신도 모르게 상대를 이상화한다. 그는 무한히 좋은 사람, 무한히 멋진 사람이 되는 것이다. 사랑에 푹 빠져 있을 때도 마찬가지다. '평일은 바빠서 잊어버리고 있다가 주말에만 너를 사랑해'라고 한다거나 '너를 만나고 있을 때에만 너를 사랑해'라고 고백하는 연인은 없다. 진정한 연인은 시간과 공간을 초월해 함께한다고 느낀다. 사랑이 절정에 이른 상태에서 두 사람은 서로를 무한히 좋게 느끼고, 자신의 주변이 온통 아름답다고 느낀다. 세상이 사랑으로 가득하고 빛나는 것처럼 느껴진다. 사랑하는 사람이라는 하나의 부분은 세계를 이루는 전체가 된다. 부분이 전체와 같고 시간과 공간이 멈추며 너의 마음이 곧 나의 마음처럼 느껴질 때, 그 순간 우리의 마음에는 무한의 바다가 넘쳐흐른다.

그런 소중한 대상을 잃었을 때에는 어떻게 될까? 뜻하지 않게 이별했거나 더 이상 만날 수 없을 때의 슬픔을 떠올려 보자. 이때 잃어버린 것은 단순히 '지구에 살고 있는 80억 인구 중 한 명'이 아니다. 세계 전체의 무너짐이고 자신의 일부가 갈라지거나 뜯기는 것처럼 경험되기도 한다.

괴롭고 힘든 것은, 기쁘고 좋은 것과 비대칭적이다. 쾌/불쾌의 감정 경험은 모두 비대칭적이며 참/거짓의 이치 논리를 내포하고 있다. 그러나 감정이 증폭되어 절정에 이르면 어떤 것은 좋고 어떤 것은 나쁘다가 아니라 '완전히 좋거나' '완전히 나쁜 것'처럼 전적으로 확장되는, 전부 혹은 전무의 느낌을 경험한다. 사랑의 절정에서 상대는 완전히 좋은 것이며 세계의 전부이지만, 상실감의 절정에서 우리는 좋은 것이 영원히 사라져버린 것처럼 극단적인 전무(全無)의 느낌을 받게 된다.

감정은 양자택일의 극단적 이치 논리에다, 그 대상을 무한히 확장하다 못해 주체와 대상의 경계마저 희미하게 만들어버리는 대칭의 원리로 구성된 이중 논리bi-logic 구조로 되어 있다. 이러한 감정의 대칭성은 비대칭적인 의식에 포착되면서 우리의 인지 기능으로 어느 정도 제

어되고 조절된다. 감정은 사회적으로, 경험적으로 구성
되기에 생각과 분리할 수 없다. 그래서 우리가 일상에서
경험하는 감정들, 격렬하지 않은 감정들은 자신과 타인
을 구별하고 맥락에 따라 조정된다.

21

우리는 대칭적인 존재인 만큼, 다른 사람들과 분리되어 있
지 않으며, 다른 사람들과 하나의 통합체를 이룬다. 반면,
비대칭적인 존재에게는 이러한 개별 경계의 부재가 상상할
수 없는 일이다. 따라서 이러한 경계의 부재가 전면에 드러
나 피할 수 없는 것이 될 때, 이는 우리의 비대칭적인 측면에
서 개인적 정체성 상실로 느껴지며, 또한 소멸의 위험으로
느껴진다. 두 가지 존재 방식 간의 이러한 대조가 갈등의 가
장 깊은 원천을 이루고 있을 것이다. 이러한 주장은 처음에
는 완전히 근거 없는 것처럼 보일 수 있다. 그러나 현실에서
신경증이나 정신증 사례들을 살펴보면 이러한 견해가 타당

하다는 것을 알게 된다.[4] —I.M.B.

Q 인간은 누구나 대칭적 존재이자 비대칭적 존재이기
때문에 내면의 갈등을 겪게 된다?

A 응. 마테 블랑코는 단순히 양육이나 발달, 환경이나
기질의 문제로 정신병리가 일어나는 것이 아니라 그보
다 훨씬 더 근원적인 구조적 문제가 인간에게 이미 들어
있다고 보았어. 내적 갈등을 겪을 수밖에 없는 근본 조건
이 있다는 거지. 간단히 말해서, 모든 다른 존재들과 하나
인 측면, 그리고 다른 존재들로부터 분리되고 독립된 측
면 간의 대조가 정신병리의 뿌리에 들어 있다는 거야.

Q 조금 더 풀어서 설명해 봐.

A 우리 정신은 본래 대칭 논리를 가지고 있어. 특히 무
의식이나 원초적 사고에서 두드러지게 나타나지. 예를
들어 꿈이나 환상 속에서는 시간 순서나 인과적 구분이
흐려지고 모든 것이 서로 연결되고 뒤바뀔 수 있잖아.

4   Matte-Blanco. (1975), p. 319.

직관적 사고나 창의성에서 이런 대칭 논리가 빛날 수 있지. 하지만 대칭 논리만으로는 이 세상을 살아갈 수가 없어. 현실 세계에서는 비대칭 논리가 있어야 일상생활이 가능해. 나와 타인이 구별되어야 하고 원인과 결과를 명확히 파악해야 하잖아. 비대칭 논리는 개인의 정체성을 유지하거나 현실 적응을 위해 꼭 필요해. 대칭 논리와 비대칭 논리가 조화를 이루지 못하면 정신병리가 일어날 수 있어. 현실과 환상을 잘 구분하지 못하는 조현병 환자의 경우에는 대칭 논리만 과도하게 작용하는 거거든. 자신의 영역과 타인의 영역이 잘 구별되지 않으니까 세상이 온통 혼란스럽게 느껴질 수 있어. 자기가 없어져버릴 것 같은 극심한 공포감에 사로잡히겠지.

Q 그런데 그렇게 기본적인 구조가 누구에게나 들어 있다면 왜 우리는 모르고 있는 거지? 동양 철학에서는 우리가 본래 하나다, 생명은 모두 연결되어 있다, 그런 얘길 하잖아. 하지만 일상에서 그런 일체감이나 통합을 느끼기는 거의 불가능해. 그건 왜 그렇지?

22

비대칭적 '포장' 없이는 대칭적 현상에 대해 아무것도 알
수 없을 것이다. 대칭적 존재만으로는 인간에게서 관찰
될 수 없다. 내칭적 존재를 말하는 것 자체가 이미 그것을
비대칭적으로 묘사하는 방법인데, 왜냐하면 묘사하는 행
위 자체가 이미 비대칭적 정신 활동이기 때문이다. 대칭
없이는 인간에게 비대칭적 기능이 있을 수 없다고 말하는
것도 마찬가지로 진실일 것이다. 비대칭적 관계는 대칭의
바다에서 나오는 것이며 그것들은 마치 광대한 실재를 제
한적으로 '구현한 것'과 같다.[5] —I.M.B.

A 이해한다는 것 자체가 비대칭적이야. 우리의 의식,
생각, 언어, 개념들의 특징을 봐. 기본적으로 이것과 저
것을 나누고 질서를 정하는 행위잖아. 우리 경험은 매우
복잡한 대칭 구조에서 비롯되는데, 그걸 의식이 다 포착

5   Matte-Blanco. (1975), p. 104.

할 수 없기 때문에 아주 일부분만 비대칭적으로 드러난다는 거야.

Q 예를 든다면?

A 일상적인 경험들이 사실 다 그렇지. 어떤 경험도 그 전체를 언어로 다 표현할 수는 없어. 한 사람을 만나 사랑하다가 헤어졌다고 해보자. 친구가 왜 헤어졌는지 물어보면 보통 뭐라고 말해? 피상적인 이유로 대충 둘러대잖아. 정확한 이유는 나도 모르지. 만난 이유를 모르듯 헤어진 이유도 사실 잘 모르는 거야. 너무 많아서이기도 하고 너무 복잡해서이기도 하고 어쩌면 이유가 없기도 하고. 전체는 파악되지 않는 건데, 그래도 뭔가는 알고 있는 것처럼 생각하고 싶으니까 자꾸 분석을 하고 의미 부여를 하면서 몇 개를 엮어서 가설을 만들기도 하고, 그런 게 인간의 의식이잖아.

Q 그래도 생각을 깊게 하면 더 명확해지는 것 아닐까? 자신에 대해 더 잘 알고 상대방에 대한 이해가 많아질수록 관계에 대한 시야도 좀 넓어지겠지.

A 오히려 생각의 한계, 이해의 한계, 우리 의식의 한계

를 명확히 아는 게 더 중요할지도 몰라.

23

의식은 서로 마주 보고 있는 두 개의 평행 거울에 비유할
수 있다. 만약 거울에 아무것도 비치지 않으면, 거울1은
거울2를 비추고 거울2는 거울1을 비추며, 거울1은 거울
2에 비친 자신의 반사를 비추고, 거울2는 거울1에 비친 자
신의 반사를 비추는 것이 무한히 반복된다. 거울 사이에
아무것도 놓이지 않으면 이 반사 중 어느 것도 보이지 않
지만, 무언가가 나타나자마자 우리는 무한개의 반사를 인
식하게 된다.[6] ─ I.M.B.

마테 블랑코의 비유에 따르면 의식은 여러 개의 거울
로 이루어진 방과 같다. 하나의 거울에 비친 것은 맞은

6   Matte-Blanco. (1975), p. 228.

2부   이냐시오 마테 블랑코: 무한의 인식론

편 거울에, 다시 그것은 또 다른 거울에 비치면서 하나
가 여러 개로 보인다. 이처럼 우리 의식의 거울 앞에 하
나의 생각이 나타날 때 이내 그것은 거울들에 반사되어
여러 개가 된다. 의식에 포착된 생각 하나는 무한히 반
사되어 여러 개로 증폭될 수 있다.

거울 앞에 아무것도 없다면 거울에 비치는 상도 없다.
하지만 거울이 없어도 역시 그 상은 보이지 않는다. 거울
에 비치는 것을 보고 그 대상을 짐작하듯, 의식에 포착된
것으로 우리는 그 생각을 짐작한다. 대상 그 자체를 보는
것이 아니고 생각 그 자체를 아는 것이 아니다.

이것이 의식의 본질적 특성이자 구조에 해당한다. 의
식의 거울에 비치지 않는다면 생각은 존재하지 않는다.
따라서 우리가 '생각'이라고 말할 때에는 의식의 내용,
곧 거울에 비친 대상과 거울이라는 의식 그 자체, '그 생
각에 대한 의식'을 동시에 말하는 것이다. 이 둘의 차이
는 그 방향에 있다. 전자, 곧 일반적인 생각들은 외부의
무언가를 향한다. 반면 후자, 그 생각을 의식하는 것은
그 자체를 향한다. 그런데 내가 어떤 생각을 하고 있다

는 것을 알아차리려면 그것들을 마치 외부의 어떤 대상인 것처럼 여기는 수밖에 없다. 거울과 대상은 본래 연결되어 있는 하나이지만 이를 분리하지 않으면 '의식'할 수 없다. 의식은 주체와 대상을 나누는 비대칭적 행위가 될 수밖에 없다.

생각을 생각할 수 있는 의식의 반사성, 혹은 자기 반영성 때문에 의식의 대상으로서의 생각과 의식으로서의 생각은 구별된다. 마테 블랑코는 거울처럼 서로 똑같이 비추는 대칭 모드와 그것을 알아보기 위해 나누고 분리하는 비대칭 모드가 만나는 지점에서 의식이 탄생한다고 보았다.

24

이해는 결코 총체적일 수 없다. 우리가 깊은 이해를 추구할 때 의도적이든 비의도적이든 생각의 영역에 속하지 않는 무언가의 한가운데에 있다는 것을 깨닫게 된다. 모든 이해는 오해이다. 게다가 빛이 너무 강렬해져서 눈부시게 될 때, 그것은 완전한 어둠과 같다.[7] ― I.M.B.

A 생각은 뭔가를 나누고 구별하는 과정이야. 본래 하나라면 생각할 수가 없지. 생각에는 늘 세 가지가 들어 있어. 이것, 저것, 그리고 그 둘의 관계.

이것과 저것의 관계에 대해 알아내기 위해 각각의 요소들을 쪼개어 이해 가능하도록 연결하는 작업이 생각인데 그 과정에서 구멍들이 생겨나. 구멍들 사이로 진실이 빠져나가지. 하지만 우리는 스스로 연결한 작업, 자기 생각을 너무 믿는 경향이 있어. 허술한 조각들을 억지로 연결해 놓고 기정사실처럼 믿어버리는 거야. 진실을 알기 위해서가 아니라, 진실을 가리기 위해 생각이 필요할 때가 많으니까.

Q 흥미롭네. 나는 생각이 모자라거나 논리적이지 못해서 잘못된 결론을 내릴 수 있겠다고만 생각했지, 우리

7   Matte-Blanco, I. (2018). Reflecting with Bion. In *Do I Dare Disturb the Universe?* (pp. 490-528). Routledge. p. 522.

의식 자체에 그런 한계가 있다는 것은 전혀 몰랐어. 그나저나 생각의 영역에 속하지 않는 무언가의 한가운데에 있다는 것은 어떤 것일까?

25

'처음에는' 아무것도 구별되지 않는 단 하나의 것이 있을 뿐이며, 따라서 사랑도 미움도 아니다. '그런 뒤' 그 하나가 사랑과 미움이라는 반대의 것으로 나뉜다. 하지만 이 둘은 분리할 수 없다. 이 최종 상태가 초기 상태와 같은 것일까? 내 추측: 두 번째는 첫 번째의 번역이다.[8] ― I.M.B.

사랑과 미움은 관계에서 가장 많이 경험되는 감정일 것이다. 둘 다 연결되려는 마음에서 비롯된다. 의식이 발달하면서 생애 초기의 원시적 감정 덩어리는 사랑 혹

8   Matte-Blanco. (2018), p. 494.

은 미움으로 번역된다. 표면적으로 나뉘지만, 그럼에도 불구하고 이 둘은 분리될 수 없다. 어떻게 번역하든 그 번역은 온전치 않다. 사랑, 혹은 미움 두 가지로 명확히 나뉠 수 없다. 경계가 모호하고 혼재되어 있다. 금방 뒤집어진다. 연결을 기대할 때 사랑이, 연결이 좌절될 때 미움이 되는 것이니 말이다. 그런 의미에서 우리 안의 공격성은 좌절된 연결들로부터 부서져 내린 파편 같은 것일지도 모른다. 이 파편들은 손톱을 물어뜯거나 말을 더듬는 습관, 상대방의 눈을 마주치지 못하거나 안절부절못하는 경향 같은 것으로 드러난다. 이런 현상 안에는 미움과 사랑이 복잡하게 얽혀 있다.

감정이 무한한 강도로 커지는 무의식의 층, (뒤에서 살펴보겠지만) 마테 블랑코가 말한 세 번째 층에서는 사랑하는 감정도 무한대로, 미워하는 감정도 무한대로 나타날 수 있다. 좋은 대상은 이상화된다, 세상의 모든 선을 가진 사람으로 보인다. 좌절감을 주는 대상은 부정적으로 이상화된다, 즉, 무한히 나쁘게만 보인다. 무의식의 깊은 층에서는 주어도 목적어도 사라지고 서술어만 남

89

기에 그 대상조차 모호해진다. 누구를 사랑하는 건지, 누구를 미워하는 건지 알 수 없게 되어버린다.

26

사랑하고 미워하는 대상에는 늘 우리 자신이 반영된다. 정신분석 이론에서는 이를 자신의 감정이나 충동, 생각을 다른 사람, 혹은 외부의 것으로 투영한다는 의미에서 투사(projection)라고 부르지만, 마테 블랑코는 이를 자아와 비자아의 비구별로 해석한다. 나의 무언가가 타인에게 가는 것이 아니라 단지 시공간을 확장하는 것이기 때문에 여기에는 '이동'이 없다. 좀 더 본질적인 접근이라 할 수 있다. 무의식 깊은 층에서 주체와 대상은 구별되지 않는다. 강렬한 감정은 모두 자신을 겨누는 것이며 그때의 자신이란 세계 전부가 된다.

'사람들은 모두 이기적'이라고 생각하는 사람은 자신의 이기적인 면을 여기저기에서 보는 것일 뿐이다. '대한민국은 어딜 가나 내가 돈이 많은 사람인지 아닌지 그것부터 확인하려 든다'고 입버릇처럼 말하는 사람은 그 자신이 무엇보다 돈을 중시한다. 왜 사람들이 타인과 늘 비교하는지 모르겠다고 불평하는 사람은 정작 자신이 다른 사람보다 우위에 있음을 확인해야 직성이 풀린다. 누군가가 자신에게 화를 내거나 언성을 높이는 일이 끔찍하게 싫어서 늘 타인의 눈치를 보며 비위를 맞추려고 애를 쓰는 사람이 가장 두려워하는 것은 사실상 자기 자신의 공격성이다.

만약 우리의 의식이 무한하다면 이러한 대칭성을 모두 간파할 수 있을 것이다. 대칭적 존재, 곧 무의식의 내용들을 모두 의식화할 수 있었을 것이고 따라서 애초에 무의식이라는 개념 자체가 없었을 것이다. 현실적으로 우리의 유한한 의식은 대칭과 무한을 아주 조금만 처리할 수 있기 때문에, 무의식은 친절하게도 스스로 차원을 낮추는 방식으로 스스로를 구조화해 의식이 파악할 수 있는 만큼만 들여보낸다.[9] 마테 블랑코는 이를, 많은 사람들이 좁은 문을 통해 들어가야 하는 상황에 비유한다. 의식이라는 좁은 문으로는 한 번에 한 명씩만 들어갈 수 있다. 대칭적 존재의 일부만 의식에 들어갈 수 있기에, 나머지는 외부에 남게 된다. 따라서 무의식을 의식화하는 것은 일종의 기만에 해당한다. 형언할 수 없는 실재의 일부만 골라내어 이를 모방하려는 시도에 불과하다. 대칭적 존재와 비대칭적 존재 사이에는 넘을 수 없는 장벽이 있다. 그가 비유했듯, 대칭적 존재의 본질을 의식이 '해석'하는 것은 파도로 해변을 씻는 것과 같다. 의식이 대칭적 존재를 읽어 내려고 아무리 애를 써도, 대칭적 존재의 거대한 덩어리는 여전히 의식 밖에 남아 있게 된다. 마치 파도가 해변을 아무리 닦아 내어도 해변 너머에 바다의 거대한 덩어리가 남아 있는 것처럼.[10]

9   Matte-Blanco. (1975), p. III.
10   상동.

27

무의식은 3차원을 넘는 다차원의 공간으로 이루어져 있다. 이를테면 우리가 한 사건에 대해, 혹은 한 사람에 대해 열다섯 가지 감정을 동시에, 혹은 순차적으로 느끼면서 혼란스러워할 수 있다. 이 수많은 다른 강도의 감정 패턴들이 각각의 차원에 있다면 무의식은 이를 3차원 이하로 구현해 낸다. 꿈과 감정은 무의식이 의식에 근접하는 가장 대표적인 현상이다. 따라서 꿈에서는 종종 많은 것이 겹쳐 보인다. 여러 인물이 한 사람으로 대표되어 나타나거나 관계없는 사건들이 하나로 응축되어 나타나기도 한다. 감정 또한 비슷하다. 언어로 표현하기 힘든 강렬한 감정을, 우리는 대상만 바꾸어 가며 재경험하기 쉽다. 다차원의 것들을 3차원으로 압축하면서 필연적으로 중복이 발생하는 것이다. 이를 수학적으로 입증하는 마테 블랑코의 설명을 들어 보자.

수학자들은 n차원 구조를 n-1차원 구조로 나타낼 때 점의 반복이 발생한다는 사실을 발견하였다. 예를 들어,

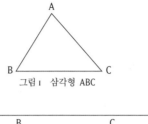

그림 I   삼각형 ABC

| A | B | C | A |

그림 2   직선 ABCA

삼각형 ABC를 일반적으로 2차원으로 나타내면 「그림 I」과 같이 된다. 이를 한 차원 낮추어 나타내려고 하면 「그림 2」와 같은 직선 ABCA가 될 것이다. 물론 이렇게 변형하면 2차원 삼각형의 각도나 면적과 같은 특성들이 사라진다. 하지만 흥미로운 중복을 발견하게 된다. 2차원 삼각형에서는 점 A(o차원)가 한 번만 나타나지만, I차원으로 펼치게 되면 점 A가 두 번 나타난다.

예시를 하나 더 살펴보자. 「그림 3」의 정육면체(3차원)를 살펴보자. 이를 2차원으로 평면에 나타내면 「그림 4」와 같이 각 면(2차원)은 한 번, 각 선(I차원)은 두 번, 각 점(o차원)은 세 번 나타난다. 앞에서 2차원 도형을 I차원으

2부   이냐시오 마테 블랑코: 무한의 인식론

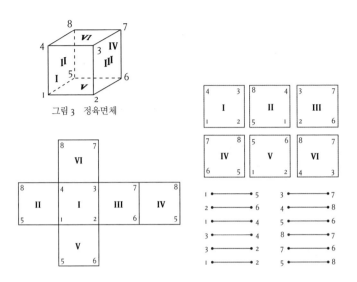

그림 3 정육면체

그림 4 펼친 면과 선들

로 표현했을 때 하나였던 점은 두 개가 되었다. 3차원 도

형을 2차원에 표현했을 때에는 하나의 점이 세 개가 된

다. 이를 확장하면, 차원이 더 높으면 높을수록 그 구조

를 축소했을 때 점이 더 많이 반복된다는 사실을 알 수

있다. 다차원의 구조를 3차원에 표현했을 때 부피, 면

적, 선, 점 등이 중복되고 겹치는 현상, 마테 블랑코는 우

리의 정신세계가 이와 같다고 주장한다. 우리의 의식은

4차원 이상을 볼 수 없기 때문에 3차원으로만 상상을 하지만, 무의식을 포함하는 전체 정신세계는 n차원의 다차원 구조로 이루어져 있다는 것이다. 이러한 그의 결론은 이론에서 출발한 것이 아니라, 임상 장면에서 만난 다양한 환자들에게서 공통적으로 드러나는 패턴을 보며 추론해 나간 것이다. 그는 우리 정신의 대부분이 무의식적인 이유는 프로이트가 말한 것처럼 억압되었기 때문이 아니라, 의식과 무의식의 근본적인 특성 때문이라고 보았다.

28

프로이트가 말한 억압된 무의식은 비교적 설명이 간단하다. 여러 가지 이유로 인해, 특정 무의식 내용이 의식으로 들어오는 가능성이 차단될 수 있다. 그리고 이 금지가 해제되면 해당 내용은 의식화될 수 있다. 하지만 이는 무의식에 대한 본질적 설명이 아니다. 프로이트의 설명은 무의식의 매우 일부에만 해당되며 '의식'에 중점을 두고 바라본 것이다. 이에 반해 마테 블랑코는 의식과 무의식의 차이를 다양한 관점에서 체계적으로 들여다보았다. 그의 이론에 따르면 무의식의 내용이 의식에 포착되지 않는 것은 무의식 그 자체의 구조적 특성 때문이다. 예를 들어 테이블 위에 예쁜 컵이 놓여 있는 그림이 있다고 하자. 너무나 사실적으로 정교하게 그린 그림이어서 실물처럼 보이는 컵이다. 나는 실제로 물병을 들고 그림 속 컵에 물을 따르려 한다. 당연히 가능하지 않다. 왜 그럴까? 물은 3차원의 물질이며 그림은 2차원이기 때문이다. 놀랍게도 우리의 정신은 차원을 넘나들며 변환할 수가 있다. 무의식은 꿈을 통해, 다차원의 것들을 추상화해 은유와 상징으로 보여준다. 꿈에서 보이는 이미지들은 여러 가지 감정적 의미들을 담고 있다. 3차원까지만 볼 수 있는 우리 눈과 의식이, 꿈을 통해 압축된 다차원 세계를 보는 것이다.

그림에 그려진 컵에 진짜 물을 담을 수 없는 것처럼,

우리의 더 낮은 차원의 사고는 무의식을 파악할 수 없다. 만약 우리가 여러 가지를 한꺼번에 생각할 수 있는 의식을 갖고 있었다면 무의식이라고 부르는 것을 직접적으로 인식할 수 있었을 것이다. 이는 대칭적 무의식이 비대칭적 의식보다 더 높은 차원으로 구조화되어 있음을 암시한다.

우리 무의식의 이중 논리 구조의 대칭적 측면은 우리의 지각과 의식적 사고의 차원보다 더 높은 차원의 공간에서 작동한다. 이것이 우리가 그것을 인식할 수 없는 이유, 즉 그것이 우리에게 무의식적인 이유이다.[11] — I.M.B.

29

"그래, 그들은 마지막 순간에 보았어, 자기가 무엇이었

---

11 Matte-Blanco, I. (1988). *Thinking, feeling, and being*. Routledge. p. 70.

2부   이나시오 마테 블랑코: 무한의 인식론

는지. 나, 나 자신이라고 하는 이 모든 드라마는 추측과 어리석은 의지로 임시변통한 것에 불과해서 그냥 놓아 버릴 수 있는 거였지. 그렇게 꼭 붙잡고 있을 필요가 없 었다는 걸 마침내 깨닫게 되는 거야. 인생의 모든 것, 모 든 사랑, 모든 증오, 모든 기억, 모든 고통은 다 같은 것 이었어. 그건 다 같은 꿈이었지. 잠긴 방 안에서 꾼 하나 의 꿈, 인간으로 존재하는 꿈 말이야."[12]

철학적 대사로 유명한 미드「트루 디텍티브」시즌 I, 마지막 에피소드에 등장하는 대사다. 주인공 러스트 콜 은 손가락으로 자신의 머리를 가리키며, "잠긴 방"이 무 엇을 의미하는지 보여준다. 우리가 살아가는 것은 실제 세상이 아니라 자신의 머릿속, 그 작은 방이라는 얘기 다. 인간은 모두 그 좁은 방안에서 갖가지 꿈을 꾸며 그 것을 '현실'이라 믿는다. A는 좋은 사람이고 B는 나쁜 사 람이라고, C는 멋진 일이었고 D는 일어나서는 안 되는

12 True detective I, episode 3: The Locked Room (2014). https://www.imdb. com/title/tt2790184/characters/nm0000190

일이었다고 생각한다. 바라는 것과 피하고 싶은 것, 아름다운 것과 끔찍한 것, 사랑과 미움을 본다. 욕망의 눈으로, 기억의 눈으로 본다. 감각에서 비롯된 감정 뭉치를 기억이라 하고 그것을 미래로 투영해 욕망의 목록으로 간직한다. 욕망은 언제나 기억의 미래 시제다. 기억이 없다면 욕망은 없다. 감정이 없다면 기억이 없고, 감각이 없다면 감정이 없다. 따라서 욕망은 감각 느낌들에 대한 판단이자, 편집과 통제의 시도라 할 수 있다.

이러한 정신 활동은 꿈처럼 어지럽고 현란하다. 그 많은 갈래 중의 일부를, 미미한 일부를 의식하고 사고할 수 있을 뿐이다. 거기에 무엇이 있는지 전부 알아내는 법은 없다. 의식의 방은 크기도 구조도 제한적이다. 의식은 한 번에 하나씩 처리할 수 있어서 동시에 많은 것들을 담아낼 수가 없다. 게다가 그 방은 대체로 잠겨 있다. 자신이 잠갔을 수도 있고, 어쩌다 보니 잠겼을 수도 있다. 그래서 다른 방의 사정은 모른다. 각자의 경험이 전부다. 감각과 감정의 고유함과 특수성은, 우리 자신을 특별한 존재처럼 믿게 만든다. 힘들고 고된 경험에 의미를 부여하려고, 어떤 방향으로 분명 나아가는 것처럼 생각하고 싶어서 자기 서사를 만들어 낸다. 욕망과 기억, 감정과 감각은 그 과정에서 때때로 변하고 재해석된다. 생각은, 변덕스러운 이들을 시중드는 빈약한 집사에 불과하다.

이렇게 보면 인간은 믿을 것이 못 되고 진실과 거짓도 때에 따라 달라지며, 삶은 허무하기 짝이 없다. 그런데 이것은 모두 '의식'의 관점에서 하는 말이다. '무의식'의 관점에서는 하나도 사라지지 않는다. 어떤 것도 변하지 않는다. 진보도 퇴보도 없다. 무의식에는 시간이 없기 때문이다. 당신은 잊어도 무의식은 잊지 않는다.

30

"그러니까 어떻게 그런 무의식이 생긴 거죠? 저는 아무것도 안 했는데…."

상담을 하다가 나는 웃음을 터뜨렸다. 이 말을 한 분도 어색하게 따라 웃었다. 그분의 말이 맞다. 정말 "아무것도" 하지 않았을 것이다. 그런데 무의식은 있다. 왜 그럴까? 생긴 것이 아니기 때문이다. 당신이 태어나기 전부터 본래 있었다. 거대한 바다 위에 둥둥 떠 있는 컵을 떠올려 보자. 컵에는 바닷물이 찰랑찰랑 담겨 있다. 컵이 먼저 있었을까? 바다가 먼저 있었을까? 컵 안의 물이 먼저일까? 바닷물이 먼저일까? 우리가 생각할 수 있는 시간 순서를 따져 보자면 아마도 바다가 먼저 있고, 그다음 컵이 있고 나서 컵 안의 물, 이렇게 될 것이다. 여기서 바다를 무의식, 컵은 우리의 몸, 컵 안의 물을 의식에 비유하면 흥미로운 면이 보인다.

컵 안의 물이 컵의 크기나 상태와 무관하지는 않지만, 본질적으로 컵에서 생겨난 것이 아니라 바다에서 왔다는 것. 그리고 바다는 컵이나 컵의 물보다 훨씬 전에 본래 있었다는 것. 이러한 관점은 우리의 의식(컵의 물)에 지나치게 많은 의미를 부여하는 인간 중심적 사고를 무너뜨리게 한다. 마음이나 정신을 순전히 개인의 '심리적 문제'로 보고 이런저런 검사를 통해 파악하거나 생각과 훈련으로 바꾸고 고칠 수 있다고 믿는 오해도 불식시킬 수 있다. 현대인의 믿음과 달리 마음은 개인의 것이 아니라, 개인을 초월하는 현상이다. 무의식과 의식이 얽히는 연결의 장이자 관계와 상호작용이다. 뇌신경과학의 연구법과 기술이 아무리 첨예하게 발달한다 해도 마음의 전부를 측정하고 예측할 수 없는 이유가 여기에 있다. 우리가 조사하는 것은 컵과 컵의 물 수준일 뿐, 바다의 영역까지는 미치지 못하기 때문이다. 정신분석을 받거나 명상을 통해 무의식에 들어 있는 내용을 모두 의식화할 수 있다거나 명확하게 알아낼 수 있다고 생각하는 것도 오해에 가깝다. 그렇다면 바다는, 무의식은 어떻게 파악해야 할까? 직접 알아내는 방법이 있을까? 놀랍게도 '없다'. 그 이유를 매우 논리적인 방식으로 설명하고 있는 것이 마테 블랑코의 이론이다.

31

물론 매일같이 환자를 만나면서 50여 년간 정신병리의 근원을 연구했던 정신의학자가 고작 '무의식을 완전히 알아내는 법은 없다'는 말을 하기 위해 500페이지 넘는 책을 쓰지는 않았을 것이다. 그는 왜 무의식을 무한집합 이라고 했을까? 그리고 그것은 어떤 의미를 가질까?

그는 무의식의 가장 깊은 수준에서 우리 모두는 우리 자신과 다른 사람, 그리고 다른 모든 것들 사이의 통일 unity을 경험한다고 설명한다. 이 깊은 층에는 비대칭적 사고가 없고 따라서 구별도 없다. 그리고 이 바닥에서부 터 올라올수록, 덜 깊고 표면에 가까울수록 점점 더 의 식적인 층들로 이루어져 있다. 다시 말해, 인간의 경험은 대칭화의 양이 증가함에 따라 차이를 인식하는 능력이 감소하는 무한한 층으로 구조화되어 있다는 것이다. 가 장 아래, 무의식의 끝에는 어느 것도 나뉘지 않는 불가분 모드가 있다. 그가 말하는 무한의 의미를 들어 보자.

관찰자의 주의가 첫 번째 층, 즉 의식 수준에 머물러 있으면 그는 구체적인 개인만을 인식할 것이다. 만약 그가 기저 수준들에 의해 침투당하도록 자신을 내버려둔다면, 이 무한성은 무의식적 방식으로나마 그 사람 앞에 펼쳐질 것이다. 이무한의 시리즈를 받아들이면 하나의 통일된 것, 집합이 있다. 이것이 결국 하나의 통일체로 살아간다.[13] — I.M.B.

우리 정신은 이렇게 이중 논리의 층층 구조로 되어 있으며 각 층에서 쓰이는 대칭 논리 혹은 비대칭 논리의 양에 따라 다른 경험을 하게 된다. 이 층들은 무수히 많을 수 있지만, 마테 블랑코는 명확한 차이를 드러내는 다섯 개의 층만 설정해 설명한다.

그가 말하는 첫 번째 층은 가장 표면의 층으로, 별개의 대상에 대한 의식적 인식이 특징이다. 사람이나 사물, 구체적 사실이나 대상, 혹은 추상적 아이디어나 개념에 대한 명확한 생각이 주를 이룬다. A와 B의 관계를

---

13 Matte-Blanco. (1975), p. 170.

인식하거나 탐구하는 것도 가능하지만, 정서적이라기보다는 유사점과 차이점 등을 토대로 파악하는 의식적 수준에서의 연결이나 관계를 다룬다.

32

두 번째 층은 기본적으로 비대칭적 사고 내에서 대칭화가 나타나는 수준으로 정의할 수 있다. '나는 그 책이 좋아', '나는 그가 미워', '나는 그 강아지가 무서워'와 같이 구체적 대상에 대한 의식적 감정이 인식되는 층이다. 대체로 감정은 무의식적 요소를 포함하기 때문에 이중 논리 구조를 갖는다. 앞에서도 살펴보았듯 이중 논리란 다른 것을 같은 것으로 만들어버리는 대칭화와, O 아니면 X라는 이분법적 비대칭성이라는 상반된 측면을 동시에 지니는 논리를 말한다. 예를 들어 살펴보자. 한 청년이 사랑에 빠졌을 때를 가정해 보자. 사랑에 빠지면 상대를 이상화하면서 멋진 사람이 갖고 있을 만한 세상 모든 특성을 가지고 있다고 느낀다. 예를 들어 상대방이 아름다움, 지혜, 부드러움, 선함, 따뜻함 등 세상 모든 매력이나 미덕을 갖고 있는 것처럼 여기기 쉽다. 이는 사랑하는 사람이라는 하나의 요소를 '멋진 여성'이라는 전체 클래스와 동일시한 것이다. 부분과 전체를 동일시하는 대칭화가 일어났다고 볼 수 있다.

비대칭적 사고가 여전히 잘 작동하는 두 번째 층에서 일어나는 대칭화는 의식적으로 잘 구별된다. 이 층에서는, 사랑하는 사람을 '멋진 여성' 클래스로 대칭화하더라도 동시에 상대방의 한계와 결점 또한 분별할 수 있다. 하지만 더 깊은 수준에서는 우리가 곧 보게 될 것처럼, 훨씬 더 많은 대칭화가 일어난다. 더 내려가면 사랑이나 미움의 강도가 최대한도로 느껴지면서 다른 어떤 것은 생각할 수 없는 그런 상태에 이르기도 한다.

세 번째 층이 바로 감정의 강도가 최대치로 나타날 수 있는 층이다. 클래스의 일부를 클래스 전체로 간주하고, 전체를 또한 부분으로 간주하는 대칭화가 일어난다.

물론 상당한 양의 비대칭적 사고 또한 포함한다. 두 번째 층에서는 사랑하는 사람을 멋진 여성이라는 전체 클래스로 대칭화하더라도, 그 반대의 대칭화는 일어나지 않는다. 즉 멋진 여성 전부를 사랑하게 되지는 않는다. 세 번째 층에서는 이보다 더 심한 대칭화가 일이니면서 한 클래스에 속하는 것들을 완전히 같은 것으로 인식하게 된다. 예를 들어, 어떤 인종이나 국적, 지역, 직업, 성별을 가진 사람을 똑같이 취급한다. "그쪽 사람들은 다 게을러", "모든 여자는 잔인해. 전부 나를 싫어하고 공격해"와 같은 편견을 동반한다. 각 클래스를 이루는 구성원은 모든 면에서 다른 모든 구성원과 동일하게 된다. 클래스 내에서 완전한 대칭화가 일어난다. 따라서 감정의 강도가 무한한 값을 향한다. 예를 들어 늘 화내고 때리는 어머니에게서 자란 남자아이는, 여자만 봐도 식은땀을 흘리며 공포에 사로잡히는 성인으로 자랄 수 있다. 이 층에서는 한 사람에 대한 사랑이나 미움이 무한대로 커진다. 또한 먼저 일어난 사건과 나중에 일어난 사건이 동일한 속성을 가진 순간들의 집합으로 인식되기 때문에 시간성도 사라진다. 즉, 오래전에 겪었던 일을 마치 최근에 겪은 것처럼, 과거 다른 사람과 겪었던 일을 지금 만나는 사람과 겪는 것처럼 인식할 수 있다. 첫 번째 층과 두 번째 층이 작동하지 않고 정신이 이 세 번째 층에만 머물러 있다면 어떻게 될까? 피해망상으로 범죄를 저지를 수 있고 불특정 다수를 향한 공격이나 반사회적 행동으로 이어질 수 있다. 감정의 강도가 너무 큰 나머지 대상을 가리지 않고 느껴지기 때문이다.

33

네 번째 층은 대칭화의 클래스가 더 넓게 형성되는 수준으로 정의된다. 약간의 구별은 이루어지므로 비대칭성이 일부 남아 있다. 세 번째 층보다 훨씬 포괄적인 대칭화가 이루어진다. 예를 들어, 여자-남자, 어른-아이 수준이 아니라 남녀노소를 모두 포함하는 '사람'이라는 클래스로 모든 사람을 동일하게 인식한다. 마테 블랑코

2장 물처럼 와서 바람으로 가는 우리는

는 이 층이 정신분열증이 작동하는 층이라고 본다. 예를 들어 한 환자가 의사에게 "저 사람은 부자예요"라고 하였다. 어떻게 알 수 있느냐고 의사가 묻자 그 환자는 "키가 크잖아요"라고 하였다. 키가 큼＝키를 많이 가지고 있음＝돈을 많이 가지고 있음＝부자로 대칭화한 것이다. 이 네 번째 층은 프로이트가 말한 무의식의 특성이 대다수 발견된다. 특히 모순이라는 것이 존재하지 않는다. 왜냐하면 어떤 관념에 대한 모든 긍정과 이에 상응하는 부정을 전부 포함하는 집합이 대칭이라면 모든 주장은 그 반대와 같아지기 때문이다. 같은 이유로 내면의 정신세계와 외부세계는 완전히 동일시된다.

마지막, 가장 깊은 다섯 번째 층은 대칭화 과정이 수학적 한계의 불가분성으로 향하는 층으로 정의된다. 이 지점에서는 대칭화의 양이 너무 커서 비대칭적 관계를 필요로 하는 사고가 크게 저해된다. 마테 블랑코는 이 층을 불가분 모드라고 부른다. 모든 것이 다른 모든 것으로 경험되며 무한한 수의 것들이 신비롭게도 단 하나의 것이 되는 경향이 있다.

34

마테 블랑코는 이 다섯 개의 층에서 일어나는 작용이 서
로 명확하게 구별되며 안정적으로 유지된다고 본다.[14] 한
층에서 일어나는 작용은 그 위아래 층에서 일반적으로
발생하지 않는다. 예를 들어, 첫 번째 층에서는 따로따로
떨어진 별개의 대상, 관계, 상황 들이 파악된다. 한편 두
번째 층에는 첫 번째 층에 없었던, 요소들 간의 다양한
상호작용이 있다. 요소들이 서로 연결되고 해석되면서 감
정이 발생한다. 이 층의 감정들은 의식으로 포착 가능하
며 생각으로 조절이 가능한 수준이다. 반면 세 번째 층에
서는 대칭화를 통해 개체들이 동일시되면서 매우 강렬하
고 커다란 감정을 일으키는데, 이는 첫 번째와 두 번째 층
에서는 발견되지 않는다.

우리에게는 이 다섯 개의 층이 모두 들어 있다. 우리
의 의식은 거대한 무의식 위에 떠 있는 작은 집, 혹은

---

14   Matte-Blanco. (1988), pp. 25-26.

하나의 방과도 같다. 우리는 자신에 대해, 자신의 경험에 대해 아는 것보다 모르는 것이 훨씬 더 많다. 물론 무의식과 의식은 복잡하게 얽혀 있어서 깔끔하게 구별되지 않는다. 정신병리를 갖지 않은 일반적인 사람들에게는 층 사이의 구조적 관계가 자연스럽게 연속적으로 느껴지면서 하나의 경험으로 통합된다. 대칭 모드와 비대칭 모드가 필요한 만큼 번갈아 가며 작동한다. 정신증 수준의 증상을 보이는 환자들의 경우에는 이 다섯 개 층의 연속성이 부서지거나 혼란스러워지면서 비대칭적인 것을 무분별하게 대칭적인 것으로 간주하는 양상이 나타난다.

대칭적인 존재가 비대칭적으로 되어 의식에 들어갈 수 있는가? 이 질문에 대해 오랜 시간 동안 신중하게 숙고한 결과, 내 의견으로는, 매우 단호한 대답으로 이어진다. 대칭적인 존재는 그 자체로는 결코 비대칭적으로 될 수 없으며, 따라서 인간의 의식에 들어갈 수 없다. 다른 말로 하면, 무의식은 결코 의식적으로 될 수 없다. 대신, 우리가 할 수 있는 것

은 대칭적인 존재의 일부 측면을 비대칭적으로 의식하는 것

이다. 마치 우리의 간을 의식적으로 만들 수는 없지만, 간을

의식할 수 있는 것처럼.[15] ― I.M.B.

15   Matte-Blanco. (1975), p. 297.

2장   물처럼 와서 바람으로 가는 우리는

내가 어떤 사람을 만난다고 할 때에는

그의 일부가 나에게 들어와 제3의 무엇이 되는 것이다.

제1인 나도 아니고 제2인 너도 아니고 제3의 무엇이다.

내가 어떤 이를 사랑한다고 할 때에는 그도 아니고

나도 아닌 제3의 무엇을 사랑하는 것이어서

그때는 분명히 존재하지만 시간이 지나면

제3의 무엇은 제4의 무엇으로, 제5의 무엇으로

변이하면서 찾아볼 수 없게 되기에

종종 혼란을 불러일으킨다. 우리 안에 있는 대상들은

처음에는 분명 바깥에서 온 것이지만,

이내 각자의 내부에서 소화하는 과정을 통해

변형되면서 서서히 본래의 출처를 잊는다.

35

"우리를 갈라놓는 것은 땅도 아니고

바다도 산도 아니요, 문 닫힌 성벽도 아니다.

고작 이 작은 물이

우리를 갈라놓고 있구나."[1]

손만 대면 사라져버리고 다른 데로 조금만 시선을 돌려도 볼 수 없는, 물에 비친 매혹적인 대상을 사랑하게 된 어처구니없는 운명, 이것은 오비디우스의 『변신 이야기』 3권에 나오는 나르키소스의 이야기다.

"그가 내 사랑을 거부한다면 그가 사랑하는 것을 결코 얻지 못하게 하소서!"

자신의 사랑을 거부한 것에 화가 난 에코의 저주를 받은 나르키소스는 안타깝게도 그게 자신의 이미지임을 모른 채 물에 비친 대상을 열렬히 사랑하게 된다.

1   https://www.theoi.com/Text/OvidMetamorphoses3.html#5

마테 블랑코는 무한을 맞닥뜨린 인간의 운명을 나르키소스의 모습에 비유한다. 물에 비친 대상은 너무도 생생해서 금방 만날 수 있을 것 같다. 하지만 어떤 방법으로도 닿을 수 없다. 눈앞에 어른거리는 형상을 잡으려고 물에 손을 넣는 순간 일렁이며 흩어져버린다. 다가갈 수도, 만질 수도 없고 알아낼 수도 없다. 닿을 수 없는 대상에 대한 갈망으로 인해 점점 쇠약해진 나르키소스는 물가를 떠나지 못하고 서서히 말라 죽어 간다.

그러나 인간은 나르키소스처럼 사라지기로 체념하지 않는다. 그토록 멀고도 가까운 두 모드 사이의 절망적인 심연을 건너고 싶어 한다. 프로메테우스는 하늘에서 사고의 불을 가져와 기꺼이 받아들인 인간에게 주면서 도와주었다. 그 결과 인간은 무한을 생각할 수 있게 되었다. 그러나 제우스는 판도라에게 항아리를 열게 하여 인간을 벌하였다. 항아리에는 시기심, 앙심, 복수심 등 모든 악이 들어 있었다. 이모든 것은 이중 논리 구조이자 신성 모독적인 사고의 도전이었다. 생각할 수 없는 것을 생각하고, 알 수 없는 것을 알아내려 하며, 나눌 수 없는 것을 나누려는 시도였다.[2] —I.M.B.

이로 인해 인간은 이중적인 본성, 즉 무한과 유한을 가로지르며 살아가도록 운명 시어졌다는 것이다. 마테 블랑코의 신비로운 설명에 따르면, 인간의 모든 혼란의 근원은 여기에 있다. 그러나 이러한 인간의 비극적 운명을 구원하기 위한 작은 희망 하나가 항아리 안에 들어 있었는데, 그것이 바로 이중 논리 구조라는 것이다. 이로 인해 인간은 대칭 모드와 비대칭 모드 사이에서 끊임없이 흔들리며 살아가게 되었다. 제한된 의식을 부여받아 무의식을 결코 직접적으로 알아낼 수 없으면서도 무의식의 계시를 받으며 무의식에 의해 움직이는 운명을 짊어지게 되었다.

---

2   Matte-Blanco. (2018), p. 494.

36

우리는 결코 삶의 진실 전체를 보지 못한다. 내가 어떤 것을 왜 좋아하는지, 왜 싫어하는지조차 정확히 알아낼 수가 없다. 무의식의 바다는 의식의 어떤 노력으로도 만질 수 없고 알아낼 수 없으며 바꿀 수 없다. 다만 주어지고 느껴지고 경험될 뿐이다. 감당하기 힘든 사건, 소화가 안 되는 감정을 경험하면서 사람들은 마음의 병을 얻기도 한다. 주저앉기는 쉽지만 다시 일어나기는 어렵다. 좌절은 끝이 없고 치유의 길은 너무나 멀다. 무언가 의미를 간신히 알아낼 때쯤 또 다른 일들에 휩싸인다. 그럼에도 불구하고 인간은 포기하지 않는다. 삶의 의미를, 존재의 의미를 집요하게 알아내고자 한다. 세상을 향해 끝없이 다가간다. 이것은 과연 저주일까, 축복일까? 다음과 같은 결론에 도달한 것을 보면, 마테 블랑코는 아마도 낭만주의자에 가까운 것 같다.

이것이 내가 느끼기에, 무한이라는 개념의 진정한 의미

다: 이해 바깥에 있는 것을 이해하려는 시도, 균질 모드는 '다툼의 영역' 밖에 있거나 외부에 있기 때문에 결코 다툴 수 없는데도 두 가지 모드를 화해시키려는 시도. 참으로 가엾지 아니한가? 하지만 극적이고 엄숙하며 아름답다⋯ 그리고 고통의 원천이다.[3] ―I.M.B.

37

어떤 일이 일어남. 사건의 발생. 이것은 마치 연속적인 것처럼 느껴지지만 사실 그것을 연속으로 만드는 것은 우리의 생각이다. 무수한 순간들 가운데 지극히 일부만 사건이 된다. 우리 의식은 그것을 전부 다 담아낼 수가 없다. 그래서 주로 자신에게 의미 있는 것들을 포착한다. 우리를 붙드는 장면에는 대개 크고 작은 감정이 들어 있다. 경험이 불러일으키는 좋은 느낌, 혹은 뭔가 꺼

3   Matte-Blanco. (2018), p. 506.

림칙한 느낌은 감정으로, 생각으로 이어지며 해석된다.

오늘 나는 공원을 산책하다가 새 한 마리를 만났다. 건너편 나무에서 획 날아와 내 옆에 있던 벤치 위로 사뿐히 내려앉은 새는 늠름한 청년으로 보였다. 처음 보는 새였지만 동시에 내가 아는 새이기도 했다.

2년 전 어느 여름날, 공원을 거닐던 나는 알에서 깨어 얼마 되지 않은 아기 새가 비 맞는 것을 보았다. 깃털을 털어 내면 다시 빗물이 쏟아지고 털어 내면 또 밀려오는데, 비를 피하지도 못하고 날지도 못하여 한자리에서 하염없이 비를 맞고 있었다. 나는 우산을 쓴 채 다가갔다. 커다란 우산 밑에 나와 그 아기 새가 잠시 같이 있었다. 새는 온몸을 부르르 떨며 마침내 빗방울을 털어 냈다는 사실에 안도하는 듯했다. 곧 비가 그쳤다. 나는 새에게 무사히 여름을 넘기라고 인사한 뒤 가던 길을 마저 갔다.

이후로 공원을 산책할 때마다 같은 종의 새들을 보면 그 아기 새가 떠올랐다. '지금쯤 저만큼 자랐겠구나' 생각하며 새들을 보곤 했다. 이따금 나를 향해 유독 힘차게 떠들어 대는 새를 볼 때면, '네가 그 아기 새로구나. 맞지?' 하고 인사하는 날도 있었다. 비가 오던 날, 아기 새와 잠깐 연결된 그 순간으로 인해 나는 그 종의 모든 새와 특별한 사이가 된 것이다. 새의 이름도 종류도 특성도 모른다. 아무것도 알지 못한다. 하지만 나는 그 종의 새들과 아주 특별한 사이가 되었다.

38

"순간의 진실은 오직 될 수 있을 뿐, 알아낼 수는 없다."[4]

영국의 정신분석가 윌프레드 비온은, 진실은 스스로 드러나는 것이지 우리가 생각해서 알아내는 게 아니라고 강조했다. 살면서 무수한 일들을 겪지만, 그중 무엇에 이끌리게 될지 우리는 알 수 없다. 의미 있는 사건은

---

4   Bion, W. R. (1970). *Attention and Interpretation*. London: Karnac. p. 26.

2부   이냐시오 마테 블랑코: 무한의 인식론

늘 일부에 해당한다. 특별한 감정을 일으킨 장면들, 생생하게 기억하거나 오래 생각하는 일들, 비온은 이를 '선택된 사실'(selected fact)이라 불렀다.[5] 하지만 엄밀한 의미에서 이것은 내가 선택한 것이 아니다. 어쩌면 그 사실들이 나를 선택했다고 말해야 할 것이다. 가만히 들여다보면 나를 사로잡는 순간이 먼저 있고, 그에 대한 느낌을 표현하기 위해 감정의 언어를 찾는 과정에서 생각들이 잇따르는 것으로 보인다.

마테 블랑코는 감정의 본질을 "나눌 수 있으면서도 나눌 수 없는 것, 다시 말해 부분들로 이루어져 있으면서도 부분들로 이루어지지 않은 것, 시간적이면서도 무시간적인 것"[6]이라 했다. 뭔가를 표현하려면 생각해야만 하고, 생각은 본래 이것과 저것으로 쪼개는 것이다. 하지만 감정에는 본질적으로 '나눌 수 없는 측면'이 있어서 결코 명확하게 쪼개지지 않는다. 따라서 생각으로 감

---

5   Bion, W. R. (1962). *Learning from Experience*. London: Paul Heinnemann. p. 339.
6   Matte-Blanco. (2018), p. 493.

정을 표현하는 과정에서 뭔가 누락되거나 보태지는 등 필연적으로 왜곡이 발생한다.

모든 정신적 어려움은 경험을 소화하지 못해 일어난다. 무슨 경험인가? 강한 정서적 경험이다. 이러한 경험들은 소화되지 않아서 체한 것처럼 걸려 있다. 가슴이 답답하거나 명치가 뻐근하거나 숨 쉬기 힘들게 느껴지기도 한다. 소화되지 않는 감정을 생각으로 쪼개어 억지로 소화하려고 시도할 때, 우리는 순간에서 이탈한다. 생각이라는 칼로 자르고 잘게 다져 손에 쥘 수 있게 만들려고 할수록 나뉘지 않는, 전부의 순간에서 멀어진다.

신경증, 정신증 증상을 갖는 사람들은 하나같이 생각이 매우 많은데, 어쩌면 소화되지 않는 경험들을 쪼개기 위한 필사적인 노력 때문일지 모른다. 나뉘지 않는 것을 나누려다 보니 늘 생각에 빠지게 되고 '지금, 여기'에서 멀어지게 된다. 두 눈은 허공을 향하고 두 발은 공중에 떠서 잠시도 그냥 있기 어렵다. 심리상담은 대개 두 가지 방향으로 이루어진다. 소화되지 않는 경험의 맥락들을 탐구하고 함께 재경험하는 것과 지금 여기, '순간의 진실'로 함께하는 것이다. 전자의 과정 없이 후자는 가능하지 않지만, 후자가 더 근원적이다. 그냥 있음, 혹은 '순간의 진실'로부터 멀어질수록 증상의 정도는 더 크게 나타난다.

39

그냥 있음(just being)은 느낄 수는 있어도 알아낼 수는 없다. 알려고 하는 순간, 우리는 그것을 뭔가 일어남(happening)으로 인식한다. '있음'이 무의식의 영역이라면, '일어남'은 의식의 몫이다. 시간도 공간도 없는 불가분의 '있음'을, 의식은 담아낼 수가 없다. 따라서 실재의 일부를 사건으로 포착해 자르고 이어 붙여 의미를 만들어 간다. 시공간을 부여하고 부분들로 나누는 생각의 눈에는 '있음'이 '일어남'으로 보이는 것이다.

　모든 관계는 순간의 연결을 꿈꾼다. 연결은 일어나는 것이 아니다. 그냥 있다. 연결의 순간에는 시공간이 없다. 나는 그 세계와 하나로 있다. '나를 잊는다'거나 '자아가 사라진 것 같은' 무아(無我)의 경험은 바로 이런 연결의 순간을 말한다. 우리가 무언가, 혹은 누군가를 향해 수없이 다가가고 만나고 수많은 잡담을 건네는 이유는 연결의 순간을 위해서다. 순간의 진실이 되기 위해서다.

우리의 자아 기능은 오직 일어나고 있는 사건이나 현상만을 인식할 수 있도록 구성되어 있다. 무언가 있음을 감지할 때, 자아는 곧장 이것을 뭔가가 일어난 것처럼 취급한다. 말하자면 불가분의 '있음'에 '일어남'이라는 옷을 입힌다고 할 수 있다. 자아 기능이 접근할 수 있는 부분으로 전체를 덮고 대체하는 것이다. 이런 관점에서 보면, 시각/청각/촉각/후각과 같은 생리적 모델에 기반하여 만들어진 의식은 시공간적 현상을 인식하는 데에는 적합하지만, 사실상 불가분의 있음을 일어남으로 대체하는 속임수이다![7] —I.M.B.

---

7   Matte-Blanco. (1988), p. 162.

40

대상들은 대사되어 그것들이 가졌을 수도 있고 가지지 않 았을 수도 있는 특성들로 변환되는데, 이 특성 자체는 대 상이 아니다. 우리는 내부에 물리적인 우유, 치즈, 고기 또는 과일을 가지고 있지 않지만, 이들의 기초적인 구성 요소를 가지고 완전히 새로운 합성을 이루어 내는데 이 합성물은 우유, 치즈, 고기 또는 과일에는 존재하지 않 는다. 인간 대상에 대해서도 같은 일이 일어난다. 인간이라 는 개별적인 '정신적' 존재는 다른 동료 인간들과 많은 공 통점을 가지면서도, 가장 다양한 구성 요소들로 이루어진 고유한 합성물이다.[8] —I.M.B.

우리가 기억하는 누군가는 그 누군가가 아니다. 내 안에서 경험하고 이해하고 소화하고 대사한 결과물, 즉 다른 무엇이다. 당신이 엄마에 대해, 아빠에 대해, 형제

---

8   Matte-Blanco. (1988), p. 257.

자매에 대해 '어떠어떠하다'고 할 때, 아무리 구체적으로 정확히 이야기해도 그것은 결국 당신 자신에 대한 이야기가 될 것이다. 이미 자아의 일부로 합성된 것을 의식하고 말하는 것이기 때문이다. 따라서 우리는 A라는 사람을 이루고 있는 요소 a에 대해 말할 수 없다. 내가 인식한 것은 내 정신세계에서 만들어진 고유한 합성물 b다. 관계는 두 사람 사이에 있는 것이 아니기 때문에 두 사람을 아무리 정확하게 분석하고 이해한다고 해도 파악할 수 없다. 두 개의 세계가 얽히어 상호작용하면서 각자의 존재를 만들어 가는 끝없는 생성의 과정이라 할 수 있다.

41

자신의 결핍에 대해 오랫동안 고민하다가 '엄마와 대화를 시도해야겠다'고 결심하는 딸들이 꽤 많다. 폭력적이었거나 외도를 했거나 무능했거나, 혹은 이 세 가지 모두를 갖춘 사람이 아버지라면 어머니들은 대개 살기 위해 교회로 가거나 장녀, 혹은 장남에게 융합해서 공생을 시도하거나, 끊임없이 일만 하면서(사실상 자기 학대를 통해 공격성을 해소해가며) 정서적으로 누구와도 관계를 맺지 않고 스스로 고립된다.

이런 구조에서 자라난 딸들은 부모 중 누구와도 정서적으로 연결되지 못하기 때문에 평생 큰 결핍감에 시달리며 살아가다가 어느 시점이 되면 엄마와 대화를 해야겠다, 그리고 진실을 이제는 말해야겠다고 생각하게 되는 것이다. 나는 이때 대개 말리는 편이다. 왜냐하면 '나의 진실'이 곧 '그의 진실'은 아니기 때문이다. 내가 경험한 '엄마'는, 실제 엄마의 백분의 일도 되지 않는다. 그 사람의 전부가 아니다. 우리는 어느 누구도 전부를 경험할 수 없고 전체를 알 수가 없다. 그러니 내가 느끼는 진실, 내가 말하고자 하는 진실은 내 감정, 내 욕망, 내 기억으로 왜곡한 거짓이 될 가능성이 매우 높다.

내 안에 형성된 '대상'은 이미 그 사람이 아니다. 내 자아의 하부구조라고 보아야 한다. 그러니 진실을 말하고 연결을 회복해야 하는 대상은 늘 '그 사람'이 아니고 자기 자신의 일부다. 실제로 딸들이 서른, 마흔이 되어 엄마랑 진짜 대화를 하겠다고 하는 순간, 그나마 있던 느슨한 관계마저도 끊어지기 쉽다. 딸이 진실을 얘기하겠다고 엄마에게 마음을 여는 순간 엄마는 자기 인생을 통째로 부정당하는 억울함과 분노, 서운함이 밀려온다. '내가 어떻게 살았는데…', '내가 얼마나 노력했는데…', '지옥에서 죽을힘을 다해 키워 줬더니 저년은 감정이니, 진실이니 하는 한가한 소리나 하고 있네'가 되는 것이다.

딸의 입장에서는 진실을 얘기해서 관계를 더 친밀하게 만들고 싶다는 욕망이지만, 엄마의 입장에서는 순전한 공격이다. '당신은 엄마 자격 부족했고 당신 때문에 내가 힘들었다'밖에 안 되는 것이다. 그러니 엄마들은 딸이 진실의 카드를 꺼내 들면 도망간다. 필사적으로 도망가야 자신의 삶이 부정당하지 않는 것이다.

42

그래서 나는 서른, 마흔이 되어 엄마와 진정한 대화를 시도하겠다며 일방적으로 자기 말만 늘어놓는 딸들에게 '엄마를 괴롭히지 말라'고 한다. 각자의 세계는 각자가 건설하는 것이다. 연결하고 푸는 것도 자신의 세계 안에서 이루어져야 하는 과업이다. 당신이 믿는 그 '엄마'는 현실의 엄마가 아니다. 자신의 감정, 경험, 기억으로 일부 부풀려지고 왜곡된 자신의 내적 대상, 곧 자아의 일부에 다름 아니다. 심지어 나는 이렇게까지 얘기한다. '진실을 얘기해서 관계를 푸는 것'이 목적이 아니라 '그 악조건 속에서도 나는 살아남았고 엄마는 내가 얼마나 힘들었는지를 알아야 한다'라고 복수하고 처벌하는 거 아닌가? '그런 부모와, 그런 여건에서 자라지 않았다면' 자신은 지금보다 훨씬 더 좋은 사람이 되었고, 더 성공하고 더 나은 삶을 누렸을 것이라고 착각하는 과대자기이자 자기연민일 수 있다. 자신의 감정과 욕망이 만들어 내는 생각에 사로잡혀, 있는 그대로의 현실을 받아들이지 않는 것이다. 과거를 정리하고 정정하고 싶어 하는 욕망, 나는 이 밑에 거대한 나르시시즘이 들어 있다고 본다.

우리는 결코 어느 누구도 이해할 수 없다. 양육자가 자신을 힘들게 했다면, 그건 그만큼 그 사람이 자원이 없었다는 것을 뜻한다. 가지지 않은 것을 어떻게 줄 수 있겠는가. 그러니 진실의 이름으로 괴롭히지 말고, 힘들게 살아온 부모들을 그냥 보내주어야 할 것이다. 죽음을 향해 가는 노인들은 누구나 자신의 인생도 그런대로 괜찮았다고 믿고 싶어 한다. 파헤치고 뒤집어 다시 들여다볼 힘이 없다. 게다가 각자의 진실은 각자만 안다. 우리 자신의 기억은 늘 왜곡되거나 욕망에 오염되어 있고, 우리가 알고 있는 '그 사람'은 실제 그 사람이 아니다. 그러니 관계의 회복도 그 사람과 하는 것이 아니다. 자기 안의 '그 사람'과 연결되는 일이다.

43

그렇다면 우리는 이렇게 물어볼 수 있다. 우리가 만나는 사람들이 모두 내면의 대상이고 자아의 일부가 되어버리는 거라면, 있는 그대로의 타인은 영영 만날 수 없다는 얘기가 되는데 그렇다면 도대체 '관계'란 무엇일까? 이에 대해 누구보다도 풍성한 얘기를 해줄 수 있는 사람이 있다. 프랑스 철학자 질베르 시몽동이다. 평생 그를 따라다녔던 화두는 '어떻게 지금과 같은 존재자들이 생겨났는가?'였고, 그가 도달한 대답은 '관계'였다.

"관계로서의 존재는 최초의 것이며 원리로 간주되어야 한다"[9]고 보았던 그의 생성의 존재론, 관계의 존재론을 한번 들여다보자.

---

9   Simondon, G. (2020). *Individuation in Light of Notions of Form and Information* (T. Adkins, trans.). University of Minnesota Press. p. 332.

3부

[질베르 시몽동: 무한의 존재론]

이전도 이후도 없이
매 순간 새로 부르는 노래

우린
여러 겹의 기분이다

생겨나는 것들과
사라지는 것들 사이에서
하늘하늘 흔들리는

44

아기가 태어나는 순간에는 엄마도 태어난다. 아기가 있기 전에는 엄마가 없고, 아기가 있다면 엄마도 있다. 모든 생성은 "짝"으로 일어난다. 단독으로 발생하는 것은 없다. 구체적 존재자인 개체(l'individu)는 언제나 "환경과 함께" 태어난다. 엄마는 아기의 생존과 성장을 가능하게 하는 중요한 물리적, 심리적 환경(milieu)이다. 이때의 '환경'이란 '주변의 환경'을 말하는 것이 아니라, 개체와 연합된 환경을 의미한다. '연합환경'(milieu associé)이라고 붙여서 부르기도 한다. 환경 안에 개체가 있지만, 동시에 개체 안에 환경이 있다. 물과 물고기를 떠올려보면 쉽게 이해할 수 있다. 물은 물고기를 살리는 환경이지만, 물고기 바깥에 따로 있는 것이 아니다. 물고기는 물 안에 있고 동시에 물고기 안에 물이 있다. 개체와 환경은 상호침투하며 "함께" 만들어 가고 "함께" 소멸한다. 따라서 엄마가 죽어서 신체가 소멸해도, 아이의 환경으로서 존재하는 엄마는 죽지 않는다. 기억으로,

3부　질베르 시몽동: 무한의 존재론

감정으로, 체질로, 습관으로, 무의식으로 여전히 존재한다. 환경이 모두 사라져야 비로소 개체도 사라진다. 이것이 질베르 시몽동의 개체화(individuation) 철학, 혹은 개체초월(le transindividuel) 철학이 간파한 생성의 원리, 관계의 본질이다.

기존의 주류 서양 철학이 실체로서의 존재를 논했다면, 질베르 시몽동은 애초에 존재가 어떻게 생성되는지에 깊은 관심을 가졌다. 그의 철학적 세계를 한마디로 말하면, 생성을 실체와 동등한 반열에 올려놓은 관계의 존재론, 생성의 존재론이라 할 수 있다. 그는 존재가 먼저 있고 그다음 관계가 맺어지는 것이 아니라, 존재와 관계가 동시에 발생하는 것임을 간파했다. 생겨나는 것들은 모두 관계에서 생겨나고 관계에서 사라진다. 존재를 관계 맥락으로 이해한다는 것은 또한 시간의 관점에서 바라보는 것이기도 하다. 존재자는 시간 속에서 어떻게 자기동일성을 형성해가는 것일까? 한 개체는 어떻게 현재의 그 모습으로 있게 되었을까? 이런 질문을 품었던 시몽동은 시간, 관계, 존재와 생성을 하나로 연결하는 개체화론을 세우기에 이른다.

45

개별적 존재인 개체는 완전히 독립적으로 존재하지 않는다. 개체는 환경 및 다른 개체와의 상호의존적인 관계와 상호작용의 결과물로 형성되며 이 역시 과정적이며 잠정적인 상태에 불과하다. 시몽동의 개체화론은, 존재를 실체가 아니라 관계의 여정으로 바라보는 독특한 관점이며 이는 모든 것이 서로 연결되어 있고 단독으로 존재하는 것이 없다는 개념을 담고 있다.

관계는 이미 존재하는 개체들 사이에서 생겨나는 것이 아니다. 관계는 외부에 있는 것이 아니라 존재를 관통하는 것이다. 존재와 관계는 동시적이며, 관계는 존재 사이에서 일어나는 것이 아니라 존재의 일부다.

따라서 개체와 환경은 어느 하나가 먼저 생겨나는 것

이 아니라 함께 생겨나고 함께 사라진다. 환경은 개체와 따로 떨어져 존재하는 외부 요소가 아니라, 끊임없이 개체와 상호작용하며 서로 변화시키는 "연합환경"이다. 개체와 환경은 어느 하나가 먼저 생겨나는 것이 아니라 함께 생겨나고 함께 사라진다.

앞의 예에서, 아기만 성장하는 것이 아니라 엄마도 개체화 과정을 통해 '되어가는' 것이지 어제까지 엄마가 아니었다가 오늘부터 엄마로 단번에 변신하는 것은 아니다. 엄마가 되는 데에도 시간이 걸린다. 아기와의 '관계' 안에서 아기를 돌보면서 서서히 엄마가 되어간다. 그리고 아기는 엄마와의 관계 안에서 조금씩 자라난다. 아기에게 엄마가 가장 중요한 환경 중 하나이듯 엄마에게 아기 역시 정체성을 변화시키는 중요한 환경이 된다. 엄마라는 존재는 아기와의 관계를 통해 끊임없이 변환(transduction)한다. 새롭게 일어난 문제들을 해결하기 위해 이 관계 안에서 해결의 구조를 이끌어내는데, 이러한 존재의 운동을 변환이라고 한다. 변환을 통해 개체화가 일어난다고 볼 수 있다.

46

만약 아기를 낳은 사람의 정신세계가 이미 완전히 규정되고 확립되어 조금도 달라질 수 있는 여지가 없다면, 혹은 이미 다 갖추어져 있어서 해결할 문제가 없다면 그 사람은 엄마가 되지 못할 것이다. 엄마가 아니었던 사람이, 해보지 않았던 생각과 행위들을 하면서 엄마가 되어갈 수 있는 건, 그 사람 안에 덜 규정된 부분, 아직 규정되지 않은 부분이 남아 있기 때문이다. 모든 관계는 '규정되지 않은 부분'이 있어서 가능해진다.

시몽동은 이 규정되지 않은 부분을 전-개체적인 것 (le préindividuel)이라 불렀다. 개체로 규정되기 이전부터 있었던 것, 그리고 개체화를 거친 후에도 완전히 소진되지 않고 남아 있는 영역이다. 시몽동의 '전개체적인 것'은 고대 그리스 철학자 아낙시만드로스

(Anaximander)가 만물의 기원이라고 보았던 아페이론($\check{\alpha}\pi\epsilon\iota\rho\text{o}\nu$), 그리고 열역학적 비평형 상태인 준안정(métastable) 상태를 결합한 개념이다. 준안정 상태란 퍼텐셜 에너지[1]로 가득 차 있어 곧 무언가로 생성되려는 잠재성을 갖고 있는 상태다.

아페이론에 대해서는 조금 더 상세히 들여다볼 필요가 있다. 아낙시만드로스는 우주론, 혹은 체계적인 철학적 세계관을 최초로 세운 사람으로 알려져 있다.[2] 그는 만물의 근원을 '물'이라 규정한 스승 탈레스에게 동의하지 않으면서, 물이나 불과 같은 특정 물질은 상반된 특성을 갖는 것들을 없애거나 제한하므로 구체적인 물질은 어떤 것의 근원이 될 수 없다고 생각했다. 진화적 관점을 가졌던 아낙시만드로스는 특정 요소에서 세계가 탄생한 것이 아니라 무한정한, 형태나 속성이 정해지지 않은 상태에서 세계가 생성되었다고 주장했다. 그리고

---

1   물리학에서 퍼텐셜 에너지potential energy, 곧 잠재 에너지는 위치에너지를 뜻한다. 시몽동이 말하는 퍼텐셜은 위치에너지와 다른 개념이므로 잠재 에너지라고 번역하지 않고 시몽동의 용어 퍼텐셜을 그대로 사용한다.

2   https://www.britannica.com/biography/Anaximander

아직 규정되지 않은 상태에서, 뜨거움과 추위처럼 상반되는 특성이 서로 상충되고 부딪치면서 세계가 형성된 것으로 이해했다. 그가 제시한 이 무한정, 무규정의 상태인 아페이론이라는 개념은 그리스 철학에서 매우 중요한 형이상학적 개념 중 하나로 남았고, 이후 철학자들의 사상에 심대한 영향을 미쳤다.

47

시몽동은 모든 생성이 아페이론에서 출발한다고 보았다. 즉 전개체적인 것으로부터 관계가 생겨나고 개체도 생겨난다. 전개체적인 것에는 개체를 만들어 내고 또한 개체를 초월할 수 있게 하는 퍼텐셜(potentiel)이 들어 있어서 끝없이 개체화를 일으킨다. 전개체적 실재는 준안정 상태에 있기 때문에 자기동일성을 갖지 않으며, 이를 양립 가능하게 만들어 가는 과정이 개체화다. 이전의 불일치와 이질성은 개체화를 거쳐 없어지는 것이 아니다. 모두 그대로 보유한 채 일시적 평형, 동적 평형을 유지한다. 한 체계 내의 요소들 간의 비대칭적인 관계로부터 비롯되는 에너지로 개체화가 일어나며, 이를 통해 무규정자인 전개체적 상태가 규정자인 개체가 된다. 따라서 개체화를 통해 생성된 존재자인 개체 안에는 관계가 구조의 형태로 들어 있다. 관계는 존재자를 구성하는 조건이자 구조적 조건인 것이다. 관계는 형성되기 전에 전개체적 퍼텐셜의 형태로 이미 주체 내부에 들어 있다.

48

시몽동의 철학에 따르면 모든 존재는 지속적인 개체화를 겪는다. 개체화는 결코 완결되지 않으며 끊임없이 진행 중이다. 개체화란 개체가 만들어지는 과정이다. 준안정적 시스템에 내재하는 불일치, 양립 불가능성, 긴장과 갈등의 문제를 개체 발생을 통해 해결하는 변환 과정이라 할 수 있다. 그는 물리적, 생명적, 심리사회적 차원에서 어떻게 개체화가 일어나는지 그 공통점과 차이점을 섬세하게 그려낸다. 물리적 개체화와 생명적 개체화의 차이, 그리고 생명적 개체화가 심리사회적 개체화로 나아가는 과정에 대한 의미를 파악하기 위해, 먼저 물리적 개체화에 대해 알아보자.

물리적 개체화의 대표적인 사례는 결정이다. 다량의 설탕이 녹을 수 있도록 끓인 설탕물(과포화 용액)을 충분히 식혀, 설탕 묻혀 말린 젓가락을 넣어주면 하루, 이틀이 지나면서 서서히 결정이 생겨 달라붙는 것을 볼 수 있다. 젓가락 주위로 한 겹 한 겹 골고루 결정이 붙으면서 이른바 '락캔디'가 만들어진다. 여기에는 어떤 원리가 담겨 있을까?

과포화 용액에는 설탕이 정상적인 용액에 존재할 수 있는 것보다 더 많이 함유되어 있어서 매우 불안정한 상태에 있다. 그래서 결정의 핵이 될 수 있는 작은 먼지나 이물질을 용액에 넣으면 쉽게 결정이 형성되고, 그럼으로써 용액은 이전보다 안정적인 상태인 포화 용액이 된다.

결정 형성 과정은, 과포화 상태의 긴장을 해결하고
이 긴장들을 구조의 형태 아래 보존하는 과정이다. 개체
화가 일어나는 존재는 곧, 긴장으로 가득한 시스템, 과
포화된 시스템이라 할 수 있다.

49

설탕물에 담근 젓가락을 중간에 빼내면 결정은 성장을
멈춘다. 하지만 다시 담그면 그 위로 새로운 결정들이
생겨난다. 물론 무한히 생겨나지는 않는다. 어느 정도가
되면 더 이상 결정이 커지지 않고 멈춘다.

결정의 성장이 멈출 수는 있지만 결코 완결되는 것
은 아니다. 위에서 보았듯이 에너지의 비대칭, 비평형의
상태, 즉 스스로 구조화할 수 있는 준안정 상태에 놓이
기만 하면 언제나 성장을 계속할 수 있다. 다시 말해, 존
재가 안정적 평형 상태에 있다면 생성은 결코 일어나지
않는다.

한편 일단 생겨난 결정은 그 자체로 다음 결정 층을 이루는 씨앗 역할을 하며 특정 방향으로 형성된다. 결정을 생성시키는 속성들은, 결정 내부에 있지 않고 그 표면에 있다. 정확히 말해서 새로운 결정을 만들어 내는 것은 결정의 속성들이라기보다는 결정과 용액 사이의 관계 양상들이다. 따라서 이러한 발생적 속성들은 실체가 아닌 관계적 실재에 해당한다.

관계적 실재라는 말은 관계를, 존재자를 구성하는 것으로 이해해야 함을 뜻한다. 존재자들이 먼저 있어서 서로 관계를 맺는 것이 아니라, 관계가 곧 존재를 구성하고 형성하는 요소라는 것이다.

이와 같은 관점은 내부성과 외부성 사이의 전통적인 구별에 도전하는데, 특히 물리적 개체의 경우 이러한 구별이 실질적으로 다르지 않고 상대적임을 시사한다. 개체가 성장하는 과정에서 한때 외부로 간주되었던 것은 내부가 될 수 있고, 그 반대도 가능하다. 작은 씨앗으로부터 생겨난 결정은, 다시 다음 결정의 씨앗이 됨으로써 그 경계를 갈아치우면서 성장한다.

관계라는 개념은 구성적 측면에서 내부와 외부의 구별이 절대적인 것이 아니라 오히려 상대적이고 가변적임을 의미한다. 경계는 계속 대체될 수 있다. 결정은 계속해서 모든 방향으로 팽창한다. 이러한 성장은 결정의 주기적 구조로 인해 가능한데, 이 구조에는 중심이 따로 없고 경계 내에 어떠한 내부도 포함하지 않는다.

50

이처럼 독특한 시몽동의 발상은, 기존 서양 철학의 주류를 이루었던 실체 기반 관점에서 관계 기반 존재론으로 관점을 전환해냈다는 평가를 받는다. 그는 새로운 개체가 어떻게 생성되는지 상세히 설명하는 개체화론을 통해 실재의 역동적이고 상호 연결된 본성을 강조함으로써, 존재를 관계에 선행하는 실체로 바라보는 전통적인 견해를 반박했다.

그의 독창적인 관점은 존재와 관계의 역동적인 구성에 초점을 맞춘다. 모든 것은 상호 연결 안에 존재하므로, 관계는 존재 자체에 내재적이며, 존재하는 모든 것들은 독립된 실체를 갖지 않는다. 관계란 따로 떨어져 있는 요소들을 연결하는 것이 아니라, 존재 내에 있는 것이며 존재의 방식이다. 시몽동은 존재를 실체나 실체들의 복합물로 이해해서는 안 되며, 존재 그 자체가 서로 연결됨으로 인해 생성되는 것이라는 것을 분명히 했다.

개체는 절대적인 존재가 아니라 그 자체로 불완전한 실재다. 개체는 고립된 실체가 아니며, 함께 생성된 연합환경과 밀접하게 연결되어 있다. 개체가 관계로 구성되고 관계가 존재를 구성한다는 존재론적 가정은 시몽동 철학의 핵심이다. 이때 "관계로 구성된다"라는 개념은 상호 연관된 두 가지 의미를 포함한다.

1) 관계로서의 물리적 개체: 물리적 개체는 그것을 존

재하게 만든 관계 또는 개체화 작용에 지나지 않는다. 각 개체는 개체화 작용의 결과이며, 존재의 다양한 수준이나 크기를 연결하는 매개 역할을 한다. 개체는 개체화 관계를 통해 형성된다.

2) 관계를 통한 연속성: 관계가 개체의 일부만은 아니다. 관계는 개체에게 연속성과 실재를 부여한다. 물리적 개체는 관계적 활동을 통해 연속성을 획득하고 실재를 획득한다. 이는 개체의 존재가 주변 환경 및 다른 존재와의 상호작용 및 상호관계에 기반을 두고 있음을 의미한다.

두 경우 모두에서 중요한 점은 관계가 시몽동의 철학에서 기본이며 존재의 구성과 연속성에 있어서 동시에 중요한 역할을 한다는 것이다. 이 관점은 물리적 개체화와 생명적 개체화, 그리고 심리사회적 개체화의 영역에 공통으로 들어 있는 관계적 본성을 보여주면서도, 개체화의 영역별 차이와 불연속성을 설명할 때에도 유효하다. 시몽동의 철학은 관계 역학에 기초한 개체성이 다양한 영역에서 변형과 특수성을 나타낼 수 있다는 점을 인정한다. 이러한 영역 간의 차이는 각 영역 내에서 작동하는 개체화 방식에서 발생한다. 시몽동은 물질, 생명, 정신, 집단과 같은 각기 다른 영역에 속하는 개체들 간의 본질적인 차이를 부인한다. 물질과 생명을 본질적으로 다르게 보았던 전통적인 관념을 뒤집으며, 이러한 영역 간의 차이가 다만 형성 과정에서의 속도와 생성의 리듬 차에서 비롯된다고 설명한다. 이런 관점은 개체화의 역동적이고 시간적인 측면을 강조한다.

51

앞에서 우리는 과포화 용액에서 결정이 생겨나는 사례를 살펴보았다. 준안정적 시스템이 개체화되는 것은 생명의 영역에서도 마찬가지다. 하지만 생명적 개체화는 결정이 만들어지는 과정과는 다른 몇 가지 특성들을 갖는다. 결정의 경우에는 환경 조건만 맞아떨어진다면 계속해서 물리적 개체화가 일어난다. 이때 개체화란 결정이 외부를 향해 점점 더 커지는 것을 의미한다. 그런데 생명체의 경우에는 이와 달리 외부적 성장에 한계가 있다. 아무리 조건이 갖추어져도 계속 커나가지는 않는다. 대신 생명체는 내부에서도 개체화가 일어난다. 시몽동은 이 차이를 이렇게 설명한다.

우선, 물리적 개체화는 결정과 용액이 만나는 경계에서 이루어진다. 새로운 결정은 밖으로 덧붙이듯 생겨나지, 기존의 결정 내부에서 발생하는 것이 아니다. 그런 의미에서 결정은 진정한 의미의 내부를 갖지 않는다고 볼 수 있다. 하지만 생명적 개체화는 문제를 해결하는 과정에서 스스로 변형되면서 내적 구조들을 만들어 낸다. 생명체는 개체화 과정이 내부에서도 일어나기 때문에, 내적 공명과 소통의 체제가 만들어진다.

그리고 결정이 충분히 만들어져 과포화 용액이 포화 용액으로 안정화된 뒤에는 결정이 더 이상 만들어지지 않는 것이 물리적 개체화라면, 생명적 개체화는 끝없이 진행된다. 개체화가 진행되더라도 전개체적 실재는 개체와 더불어 언제나 남아 있기 때문이다.

살아 있는 개체는 개체화의 시스템이사 개체화하는 시스템이며, 개체화 과정에 있는 시스템이다.[3] ─ G.S.

52

생명적 개체화의 시스템에서는 내적 공명이 자기와 환경 간의 상호작용과 연결된 정보로 번역된다. 물리적 영역에서 내적 공명은 단지 개체화 과정이 진행 중인 개체의 경계를 나타낼 뿐이지만, 생명의 영역에서 내적 공명은 개체 전체의 기준이 된다.

생명체는 세포로 이루어져 있고, 세포에는 막(mem-

3　Simondon. (2020), p. 7.

brane)이 있다. 막은 비대칭이다. 막의 내부와 막의 외부는 동일하지 않다. 또한 막은 세포에 필요한 영양소는 흡수하고 불필요한 물질이나 세균, 바이러스 등은 내부로 들여보내지 않는다. 어떤 물질은 통과시키고 어떤 물질은 통과시키지 않거나, 어느 한 방향으로만 통과시키는 기능을 한다. 세포막의 이러한 선택적 투과성[4]과 비대칭성은 세포로 하여금 안과 밖을 구별 짓게 하고, 생명체를 살아 있게 한다.

단세포 생물의 경우에는 세포막 안쪽이 내부인 자신, 바깥쪽이 외부인 세계가 된다. 다세포 생물의 경우에는 좀 더 복잡하다. 각각의 세포들의 입장에서 안과 밖이 상대적으로 존재한다. 또한 조직이나 기관 등으로 올라가면서 여러 수준의 안과 밖이 생겨난다. 예를 들어 혈액을 기준으로 보면 혈관 바깥은 밖이지만 유기체 전체의 맥락에서는 여전히 내부다.

---

4   https://biologydictionary.net/selective-permeability/

결정의 경우 내부 공간은 개체화와 아무런 관련이 없다. 성장은 결정의 경계를 따라 일어난다. 하지만 생명체의 경우 내부 공간에 있는 것들은 외부 공간에 있는 것들과 접촉하며 불균등화를 해결한다. 시스템과 시스템 사이에서 정보 교환이 일어나고, 하나의 정보를 받아들이며 개체화된다. 정보는 형태를 부여하지만 이는 고정되지 않고 끊임없이 변화한다.

생명체에게 정보는 내부에서 외부로, 다시 외부에서 내부로 돌아오는 인과적 회귀성을 갖는다. 하나의 원인이 하나의 결과로 이어지는 단선적 방식이 아니라, 결과가 다시 원인이 되기도 하는 것처럼 여러 원인과 결과들이 서로 얽혀 반복된다는 의미에서, 생명체의 발달은 인과적 회귀성을 가지며 자가 구성적이다.[5]

시몽동의 관점은 생명과 물질 간의 관계를 새롭게 이해하고, 생명과 물리적 시스템 간에 유사성이 있음을 강

5   Krtolica, I. (2009). The question of anxiety in Simondon. *Parrhesia: Critical Journal of Philosophy*, 7.

조한다. 이것은 물리학적 및 생물학적 프로세스가 서로 다른 관계를 유지하면서도, 정보와 에너지의 상호 변환을 통해 공통적인 원리를 공유한다는 관점을 제시한다. 생명은 물질의 일부로서 존재하며, 물질의 법칙과 관계를 내재하면서도 이러한 법칙을 조절하고 변형할 수 있는 능력을 가지고 있다.

53

따라서 물질과 생물, 물리적 개체와 생명체 사이에 근원적 차이가 있는 것은 아니지만, 개체화 방식의 수준 차로 인한 차이점이 생겨난다. 시몽동은 물질과 생물의 차이에 대해 세 가지로 언급한다.

우선, 생명체의 개체화는 물리적 개체와 다르게 순간적이고 급격한 과정이 아니라, 점진적이고 지속적인 과정으로 발생한다. 이것은 생명체가 환경과 상호작용하면서 지속적으로 개체화 과정을 경험하며, 개체와 환경 간의 경계가 뚜렷하게 정해지지 않는다는 것을 의미한다.

생명체의 개체화는 물리적 개체와 비교하여 더 동적이며 연속적인 과정으로 이루어지며, 이러한 과정은 생명체의 특성을 형성하고 유지한다. 또한 물리적 개체와 달리 생명체는 자체 동일성을 완벽하게 가지지 못하며, 항상 일정한 불안정성을 유지한다. 물리적 개체는 자체 동일성을 획득하는 경향이 있지만, 생명체는 무한한 개체화와 변화를 경험하며 일정한 동일성을 얻기 어렵다.

생명은 이 '되어감'의 형태로 볼 수 있다. 되어감은 균일하지 않은 연속이며, 끊임없이 변화하는 존재들은 불균등함을 일으킨다. 물리적 개체와 달리 생명체는 이러한 불균등함을 해결하기 위한 일시적이고 상대적인 단일성을 보여준다.

둘째, 물리적 개체는 변환보다는 반복을 통해 형성되며, 표면에서만 성장한다. 반면 생명체는 내부에서도 개체화가 일어나며 내부의 각 요소들은 내부 전체와 연락을 취한다. 이러한 차이점은 생명체가 내부적으로 더 복잡하게 구성되어 있으며, 내부적인 조직과 공명의 힘을 활용하여 발전한다는 것을 의미한다. 생명체는 단지 개체화로 인한 결과물만이 아니라 동시에 개체화가 진행 중인 무대이기도 하다. 결정이나 전자와 같은 물리적 존재와 달리 생명체는 진정한 내부성을 갖는다. 개체화는 그 안에서 일어나며 내부는 구성적이다. 물리적 존재의 내부가 퇴적 과정을 특징으로 하는 과거의 것이라면 생명체의 내부는 현재에 있고, 생명적 개체는 모든 요소에서 그 자체와 동시대적이다.

생명체는 외부 환경과 내부 환경을 모두 가지고 있다. 생명체는 두 환경 사이의 끊임없는 역동적인 상호작용을 통해 존재한다. 발달과 발생처럼 내부를 향하는 관계와, 재생산과 같이 외부를 향하는 관계에 참여할 수 있다. 역동적인 내부-외부 관계 능력은 생명이 있는 존재를 정의하는 특성이며, 진정한 의미의 내부를 갖지 않고 과거에 뿌리를 두는 물리적 개체와 구별된다.

셋째, 물리적 개체는 환경에 의해 수정되지만 생명체는 스스로를 수정하며 발전한다. 결정이라는 물리적 개체가 주로 경계에 존재했다면, 생명체의 경우에는 내부에도 존재한다. 상호작용의 경계에만 존재하는 것이 아니다. 생명체는 환경과의 상호작용이 자체 내부 공명을 재구성하거나 재편하는 방식을 통해 스스로를 발전시킨다.

54

오직 준안정적 상태가 나타나는 시스템에만 개체가 있다. 개체의 등장이 그 시스템의 긴장을 감소시켜 이러한 준안정 상태를 사라지게 한다면, 개체는 전체적으로 움직이지 않고 진화하지 않는 공간 구조, 즉 물리적 개체가 된다. 반면 개체의 이러한 출현이 시스템의 준안정성의 퍼텐셜을 파괴하지 않는다면, 개체는 살아 있는 존재가 되며 그 평형은 준안정성을 유지하는 평형, 동적 평형에 해당한다.[6] —G.S.

우리와 같은 생명체의 개체성은 긴장을 통해서만 공존하는 이질적인 힘들 사이에서 공명 방식을 확립한다. 다양한 요소들을 하나로 모으며 내부를 구성하는 동시에, 자신이 속한 더 큰 질서의 일부가 되는 것이다. 존재는 단순한 단일성이나 동일성이 아니라 그 이상이며, 단일성과 동일성의 변형 또는 해체의 가능성이기도 하다. 또한 존재는 어떤 단일성 또는 동일성이 자리를 잡기 위해 그 안에서, 그에 반하여 생성되는 환경이다. 전개체적 퍼텐셜에 의해 생성된 존재는 그 자체의 방식으로 지속적으로 생성되며 여러 가지 생성의 과정을 이어 나간다.

지금도 우리 안에는 지속적으로 개체화가 이루어지고 있다. 개체화는 완성되지 않으며 개체들은 언제나 그 일부다. 개체는 개체화를 통해 발생하지만 개체화의 끝

6   Simondon. (2020), p. 262.

이 아니다. 개체화 이후의 존재는 개체화, 개체화의 결과, 중단 없이 이어지는 전개체적 실재의 움직임을 모두 포함하는 존재다.

55

시몽동 철학의 독특함은 이러한 개체화로 모든 변화와 발생, 성장과 소멸을 아울러 이야기한다는 데 있다. 외부와 구별되는 내부가 생겨나고, 그 구조가 복잡하게 발달하면서 생명체의 진화가 일어난다면, 다음 단계의 개체화는 '왜 정신이라는 것이 생겨나는가?'에 대한 답이라 할 수 있다. 생명체 중에서 일부만 의식, 마음과 같은 고도로 복잡한 정신현상을 경험한다. 차이는 어디서 비롯되는 것일까? 개체화론은 정신이라는 현상에 대해 다음과 같이 설명한다.

정신은 생명체가 완전히 구체화되지 않고 내부 이중성을

보존할 때 존재한다. 생명체가 신체적 한계 내에서 그리고 환경과의 관계를 통해 개체화된 개체로서 그 자체로 완전히 평정을 이루고 만족할 수 있다면 정신은 필요하지 않을지도 모른다.[7] — G.S.

생명체는 자신의 연합환경과 상호작용하면서 내부적으로 일어나는 불일치, 갈등의 문제들을 해결하려고 노력한다. 더 발달하고 분화된 유기체일수록 그 내부도 더 복잡한 구조를 띠게 되는데, 이는 곧 내부적 문제를 해결하고 통합하기 위해 소통 체제, 곧 신경계의 발달을 필요로 한다는 것을 뜻한다.

구석구석 뻗은 신경과 체계적으로 구성된 연결망을 통해 생명체는 실시간 일어나는 내부의 문제를 감지하고 제기한다. 하지만 해결은 또 다른 문제다. 아무리 내부적으로 긴밀하게 연결되어 있다 하더라도 문제 제기를 넘어서서 해결에 이르는 과정은 자체적으로 일어나

7 Simondon. (2020), p. 177.

기 어렵다. 그렇다면 생명체는 문제를 어떻게 해결할까?

56

정신적 문제는 개체 내부의 방식으로는 해결될 수 없다.

정신적 실재로 나타나는 것은 일시적 경로로 나타나는 것

이다. 왜냐하면 개체 내부의 정신적 문제(지각의 문제와 감

정의 문제)의 해결은 개체초월적(transindividuel) 수준으로

이어지기 때문이다. 생명체와 연합된 전개체적 실재의 개

체화로부터 나온 완전한 구조와 기능들은 집단에서만 완

성되고 안정화된다.

정신적 삶은 전개체적인 것에서 집단적인 것으로 나아간

다. 개체 내부에 존재하려는 정신적 삶은 지각의 문제와

감정의 문제 사이의 근본적인 불일치를 극복할 수 없을

것이다. 정신적 존재, 즉 생명적 개체화라는 첫 단계에 국

한되지 않고 개체화 기능을 최대한 완전하게 수행하는 존

재는, 집단적 개체화에 참여하는 만큼만 자기 내부 문제

의 불일치를 해결한다. 다수의 생명체와 연합된 전개체적 실재의 개체화를 통해 얻어진 개체초월적 실재인 이 집단 은, 순수하게 사회적인 것도 아니고 순수하게 개체상호적 (interindividuel)인 것도 아니다. 순수한 사회는 그야말로 동물 사회에 존재한다.[8] — G.S.

시몽동은 정신이 곧 "개체초월적인 것의 탄생"이라고 단언한다. 정신적 문제 상황은 개체 내부의 방식으로 해결되지 않으며 개체초월적 실재를 필요로 하기 때문이다. 감정과 감각, 지각과 행위는 현재라는 순간에서 일어난다. 순간 반짝이고 이내 변하거나 사라지지만 우리 경험의 대부분을 이룬다. 이를 빼고 정신성을 이야기할 수는 없다. 그런데 바로 이러한 정신성이야말로 '집단' 없이는 가능하지 않다는 것이다. 시몽동은, 집단이 없다면, 관계가 없다면 정신이라는 것도 없다고 단언한다. 왜 그럴까?

8   Simondon. (2020), p. 179.

우리는 각자 살아가면서도 언제나 집단을 이루며 살아가는 존재다. 정신성은, 따로 떨어져 있으면서도 동시에 서로 연결된 존재자로서의 의미작용이다.

개체화된 존재는 혼자이면서도 혼자가 아니다. 반드시 두 가지 차원을 갖는다. 개체성이라는 난독성, 그리고 전개체성이라는 연결성이다. 개체화된 존재자는 전적으로 개체화된 것이 아니라, 아직 개체화되지 않은 부분인 전개체적 영역을 늘 포함한다. 전개체적 실재는 늘 다음 단계의 개체화로 나아가고자 하며, 이것이 결국 집단으로 나아가게 하는 동력이 된다.

57

정신은 개체화된 존재와 집단적인 것의 관계의 의미화다.[9] 관계가 사라지면, 정신도 사라진다. 마음, 심리, 정

---

9   Simondon. (2020), p. 278.

3부 질베르 시몽동: 무한의 존재론

신은 곧 관계에서 비롯되는 의미작용이기 때문이다. 한 편으로 정신이란 개체화되어 어느 정도 규정된 영역, 그리고 아직 규정되지 않은 전개체적인 것 사이의 관계에 대한 의미작용이기도 하다. 정신성은 본질적으로 정동성(affectivité)이다.

시몽동이 말하는 정동성이란 오늘날 심리학과 신경과학에서 말하는 정동(Affect)과 유사한 개념이다. 개체의 내적 관계와 개체가 세계와 맺는 외부 관계, 그 사이의 연결(liaison)이라 할 수 있다. 특정 감정으로 인식되기 전 막연한 쾌감과 불쾌감, 호감과 반감 등을 포함하는 내적, 생리적 느낌에 해당한다. 정동은 감정이 아니며 우리가 알아차리든 못 알아차리든 관계없이 항상 일어난다.[10] 여기서 가장 중요한 것은 정동이 감정이 되려면 '외부'와의 관계가 있어야만 한다는 사실이다. 감정은 주체가 외부 환경과 상호작용하고 그것을 해석하며

---

10 Barrett, L. F. (2021). 『이토록 뜻밖의 뇌과학』 (변지영 역). 더퀘스트. p. 150.

대응하는 방식을 반영한다. 감정은 사회문화적인 것이며 관계적인 것이다. 정동은 집단적인 것, 즉 사회를 거쳐야만 주체 안에서 조정될 수 있다.

정동이 문제를 제기하는 방식이라면 감정은 해석과 대응을 통해 문제를 해결하는 과정이다.

58

쾌감과 고통, 슬픔과 기쁨은 주체 안에 있는 개체와 전개체적인 것 사이의 관계와 관련된 양극단의 차이를 보여준다. 우리는 흔히 쾌감이나 고통을, 좋은 일이나 좋지 않은 일에 대한 심신의 반응이라고 해석한다. 물론 순전히 신체적인 쾌, 불쾌가 있을 수는 있다. 하지만 정동과 감정은 개체적인 것과 전개체적인 것 사이의 관계의 의미작용을 보여주는 것이기도 하다. 이를테면 긍정적인 정동 상태는, 개체성과 전개체적인 것 사이의 조화와 시너지를 가리키고, 부정적 정동 상태는 이 두 영역

간의 갈등적 상태를 드러낸다.

정동과 감정은 개체화된 존재자 내부에서 일어나는 행위의 결과를 보여줄 뿐만 아니라, 적극적으로 변형시키기도 한다. 주체 내부의 상반되는 두 영역 간의 관계를 조정하고 움직여 집단적인 것과 조화를 이루려고 시도한다. 따라서 정동성은 개체적인 것과 전개체적인 것의 중개이자, 전개체적인 본성이 집단적 개체화로 나아가고 유지할 수 있도록 중개하는 역할을 한다. 그리하여 감정은 집단 안에서만 만들어진다.

시몽동은 정동과 감정을 통해 정신적 개체화를 설명하는데, 이것은 그의 철학의 핵심적 측면 중 하나다. 정동과 감정은 개체의 내적 경험과 상호작용에서 중요한 역할을 하며, 집단적 개체화와 연결되는 중요한 요소이기도 하다.

정동이 감정에 선행하며 집단적인 것과 개체를 매개한다면 감정은 개체초월적 현존에서 이루어지는 개체화다. 다시 말해, 존재자로 하여금 문제적 상태를 해결하게 해주는 과정이 개체화이며, 정신성은 연속적인 개체화로 구성된다. 하지만 정신성은 개체화된 존재자의 수준에서만 해결되지는 않으며 더 넓은 개체화인 집단적 개체화로 참여하게 하는 기초가 된다.

59

문명에 깊게 뿌리박혀 있는 인간 중심주의적 시각은 대개 정신을 신체보다 우위에 있는 것으로 여긴다. "불멸의 정신"이 깃든 예술작품을 높이 평가하고, 영원한 것에 많은 가치를 둔다. 그만큼 우리가 일시적이고 변화무쌍한 존재이기 때문일 것이다. 시몽동은 우리가 경험하는 어떤 순간의 정신성에 대해 이렇게 말한다.

현재에 대한 빛나는 몰입, 즉 순간에 절대적인 가치를 부여하고 그 안에서 감각, 지각, 행동을 완성하는 이 현현이

없었다면 정신성은 아무런 의미를 갖지 못했을 것이다.[11]

— G.S.

다른 것과 비교할 수 없고 그 자체로 절대적인 느낌을 주는 순간의 정신성. 불멸의 정신성을 가능하게 하는 순간의 정신성이란 무엇일까? 정동과 감정이다. 그는 즐거움과 고통, 슬픔과 기쁨을 개인의 특정 상태로 보기보다는, 아직 결정되지 않은 것들과 실제 존재의 '지금-여기' 사이에서 일어나는 움직임이라 보았다.

시몽동의 관점에서 무한은 아직 결정되지 않은 것으로 우리 안에 있다. 관계로, 생성으로 나아가게 하는 힘은 바로 이 무한, 무의식에 있다. 따라서 무한과 무한의 만남, 무의식과 무의식의 만남이 관계이며 그것은 찰나에 일어나는 연결이다. 이 빛나는 순간의 정신성은 오직 느낄 수 있을 뿐 생각할 수도, 설명할 수도 없다.

11　Simondon. (2020), p. 278.

정신현상은 '나'라고 하는 주체를 필요로 한다. 그런데 주체가 자신을 넘어서서 살 수 있는 유일한 기회는, 의미가 되는 것이다. 자신의 무언가가 의미가 되도록 하는 것이다. 의미는 관계 안에서만 발견되는 것이며 관계는 자신이 기획하거나 선택하는 것이 아니다. 모든 관계는 그 자체로 고유하며 의미 역시 관계별로 고유하다. 관계가 그렇듯, 의미 역시 주체가 주도해서 만들어 낼 수 없다. 주체의 어려움은 여기서 비롯된다. 주체는 관계에 참여함으로써 자신의 무언가를 구현해낼 때, 내부의 상호작용을 형태로 구현해 낼 때 비로소 안정적일 수 있다.

시몽동이 말하는 '주체'란 개체와 전개체적 퍼텐셜로 구성된 앙상블(ensemble)을 의미한다. 복잡한 상호작용에 참여해 개체화를 거치며 끝없이 변환해나가는 주체는 단독으로 존재하지 않는다. 또한 물리적 개체와 생명체를, 본질적으로 다른 존재가 아니라 '수준의 차이'로 이해하는 시몽동의 입장에서는 인간과 동물의 차이도 본질적 차이가 아니라 수준의 차이에 불과하기 때문에 주체 역시 인간에 한정되지 않는다. 생명적 개체화, 심리적 개체화의 결과로 주체가 발생하는 것이기 때문에, 세계의 요소를 인식 가능한 대상으로 바꿀 수 있다는 의미에서 동물도 주체가 된다. 생명체 내의 "신체-정신의 분열"과정을 통해 주관성이 발생한다고 보는 시몽동은, 인간이 주관성의 유일한 소유자가 아니라는 점을 강조하면서 인간 중심주의적 주류 철학에 반기를 들었다.

61

개체성과 전개체적 퍼텐셜로 구성된 주체는, 초기에는 '지금-여기'에만 집중하려는 경향을 띤다. 이것은 개체성의 측면으로 볼 수 있다. 자신의 개체화된 현재 상태에 고착되어 다른 여러 가능성들을 무시하거나 간과한다. 하지만 전개체적 실재는 개체초월적 관계와 집단을 지향하면서 끊임없이 다음 개체화를 시도한다. 전개체적 실재는 개체화된 존재의 내부에 내재한 상호작용의 잠재력이며, 이는 관계와 상호작용을 통해 활성화되고 확장된다.

시몽동은 이러한 전개체적 실재가 관계와 상호작용을 통해 존재자의 발전과 형성에 중요한 역할을 한다고 설명한다. 따라서 관계는 전개체적 실재를 활성화시키고 그 잠재력을 실제로 구현하는 데 없어서는 안 될 핵심 요인이라고 할 수 있다. 만약 개체화된 존재자가 다른 존재자와의 상호작용 없이 고립된 상태에 있다면, 전개체적 실재가 일시적으로 비활성화될 수 있고 이는 여러 가지 병리적 상태로 이어질 수 있다.

개체가 있는 곳에는 반드시 전개체적 퍼텐셜이 함께 있으며 이것이 '지금-여기'에 안주하지 못하도록 하며 다음 개체화로 나아가게 한다. 전개체적 실재는 더 큰 연결과 의미를 찾으려고 하며, 이를 위해 다양한 관계와 상호작용으로 나아간다.

시몽동은, "개체의 문제가 지각적 세계의 문제라면, 주체의 문제는 지각적 세계와 정동적 세계 사이, 개체적인 것과 전개체적인 것 사이의 이질성의 문제"[12]라고 보았다.

62

주체가 끊임없이 문제를 제기하는 것은, 이러한 두 가지 측면 간의 불일치와 양립 불가능성에서 비롯된다. 주체는 개체성을 유지하면서도 전개체적 퍼텐셜을 탐구하려고 하지만, 이 두 가지 측면이 항상 조화롭게 어우러지지 않을 수 있다. 이런 불일치와 양립 불가능성은 주체의 불안과 내적 갈등을 초래하며, 이를 극복하려면 개체화 과

12   Simondon. (2020), p. 280.

정을 통해 두 측면을 조화시키고 연결하는 방법을 찾아야 한다. 전개체적 실재는 두 영역의 분리된 상태를 극복하고, 주체가 더 큰 개체화의 일부로 나아감으로써 문제를 해결할 수 있도록 촉진한다. 이러한 과정은 감정, 정보, 집단과의 상호작용을 통해 진행된다.

주체는 외부 세계와의 상호작용, 그리고 외부 세계에 영향을 미치고 영향을 받는 능력을 통해 출현하며, 이는 역동적이고 지속적인 과정이다. 주체는 독립적이고 안정된 실체가 아니며, 주체의 궁극적인 실현이나 해결은 집단적 맥락에서만 가능하다. 오직 관계에의 지속적인 참여를 통해 주체는 긴장을 해소하며 나아갈 수 있다. 이러한 방식으로, 주체는 자신의 일시적 안정과 단일성, 곧 개체성을 유지하면서도 다른 개체와의 상호작용을 통해 더 큰 연결과 의미를 찾을 수 있는 방법을 탐색한다.

인간은 개체들로 구성된 존재일 뿐만 아니라 집단과의 상호작용을 통해 더 큰 의미 있는 개체화를 추구하는 생물학적, 사회학적, 철학적 측면을 가지고 있는 복

합적인 존재다. 개체화의 과정은 개체와 집단 간의 상호
작용을 통해 진행되며, 이는 우리의 사회적 삶과 정체성
형성에 큰 영향을 미치게 된다.

63

만약 주체가 적절한 관계와 상호작용을 경험하지 못한
다면 어떻게 될까? 관계가 없다는 것은, 자신의 문제를
해결하지 못한다는 것을 뜻한다. 전개체적 본성과 개별
화된 존재 사이의 관계를 통합하지 못하여 만성적 갈등
과 불일치로 혼란을 겪게 된다는 것을 의미한다. 시몽동
은 이러한 현상을 불안이라 설명하였다. 주체가 긴장을
내부에서 단독으로 해결하려 할 때 일어나는 현상이 불
안이라는 것이다.

우리는 또한 감정처럼 보이는 어떤 느낌들, 말하자면 불안
의 의미에 대해 생각해 본다. 불안은 단순한 하나의 느낌이

나 감정으로 볼 수 없다. 불안은 개체화된 존재와 연합된 본성과 개체화된 존재 사이의 분리 가능성을 가리킨다. 불안속에서 주체는 자신이 부인되는 정도까지 주체라 느낀다. 자기 안에서 존재를 감내한다. 자신을 짊어지고 다니기라도 하는 듯 그 존재의 무게가 내리누른다. 호메로스가 말한 것처럼 땅의 짐뿐만 아니라 그 자신에게 지워준 짐이다. 왜냐하면 불안에 있는 개체화된 존재는 지각과 정동의 문제에 대한 해결책을 찾는 능력을 갖지 못하고, 모든 문제가 자기 자신에게로 역류한다고 느끼기 때문이다.[13] ─G.S.

64

시몽동은 주체의 내적 투쟁과 개체성과 전개체적 실재를 조화시키지 못함에서 비롯되는 불안의 경험에 주목

---

13 Simondon. (2020), p. 282.

했다. 불안을 일반적인 감정과 별개의 현상으로 이해하고 분석해야 할 필요성이 있다고 보았다. 개체화, 주관성, 인간 경험의 본질과 직접적으로 관련이 있는 것이 불안이라고 설명하는 그의 철학적 탐구에 대해 들여다보자.

앞에서 살펴보았듯, 주체는 내부의 불일치와 양립 불가능성의 문제를 해결하기 위해 관계와 상호작용을 찾아 나선다. 오직 집단을 통해서만 주체는 다음 단계의 개체화로 나아가면서 문제를 해결할 수 있다. 하지만 외부적 요인 때문이든 내부적 요인 때문이든 관계에 참여하지 못하는 경우가 있다. 시몽동의 통찰에 따르면, 주체가 내부의 문제를 해결하기 위해 개체화를 해야 하는데 그 적절한 해결의 차원을 찾지 못할 때, 불안이 일어난다. 주체의 문제는 개체화된 존재자의 차원 안에서 해법을 찾을 수 없고 반드시 집단적인 것의 참여를 필요로 한다.

한마디로 말해서 불안은, 우리 안의 전개체적 퍼텐셜이 발현되지 못함을 의미한다.

4장 생겨나는 것들 사라지는 것들

불안한 주체는 자기 안에서 해결책을 찾으려고 온갖 노력을 다한다. 자기 안의 전개체적 퍼텐셜을 내부에서 모두 개체화하려고 시도한다. 이로 인해 주체성이 일시적으로 무한히 확장되기에 이른다. 그러나 이러한 확장은 개체의 구조와 기능을 저하시킨다. 전개체적 영역에 압도되어 개체의 파괴라는 대가를 치러야만 한다. 불안 상태에 있는 주체는 자신의 해체, 자신의 죽음을 원하며 동시에 새로운 상태로 다시 태어날 수 있기를 바란다.

이처럼 불안은 전개체적 퍼텐셜이 실현되지 못하는 데서 비롯되며, 관계와 상호작용 없이 주체가 해결책을 자기 내부에서 찾으려고 할 때 일어난다.

65

불안에서, 주체는 집단을 거치치 않고 스스로 문제를 해결하려 한다. 자신의 전개체적 실재를 개체화된 존재에

녹여내어, 어떤 중개도 지연도 없이 직접 녹여내어, 단일성의 수준으로 가고 싶어 한다. 불안은 행위 없는 감정이고 지각 없는 느낌이다. 불안은 존재자의 내부에서 울려 퍼지는 메아리다.[14] — G.S.

주체는 그 내부를 잃어버림으로써 고통스럽게 팽창한다. 여기에 있으면서 어디에나 있다. 모든 공간과 시간을 취하면서 통합되지 못한 세계가 된다. 모든 안식처와 내부를 제거해버리는 존재자의 어마어마한 확대, 한계 없는 팽창은, 전개체적 실재와 개체성이 융합되어 버렸음을 뜻한다. 개체화된 존재자의 구조와 기능들은 서로 섞이고 팽창해버린다.

전개체적 본성의 하중으로부터 이러한 존재의 한계 없는 힘을 부여받았기 때문에 무한히 팽창한 존재자는 전개체적 실재로 뒤덮이고 모든 구조는 공격받으며, 기능들은 이질적으로 만드는 새로운 힘에 의해 움직이게

14 Simondon. (2020), p. 283.

된다. 만약 불안의 경험이 충분히 지지받고 충분히 오래 견딜 수 있다면, 그것은 존재자 내부에서의 새로운 개체화로 이어질 수 있다.

하지만 이러한 탄생이 가능하려면, 이전의 구조들과 기능들이 제거되어야만 한다. 이미 개체화된 존재자의 소멸을 받아들여야 하는 것이다. 불안은 고독한 주체 존재자의 조건을 표현한다. 혼자의 존재로 갈 수 있는 최대치까지 간다. 하지만 명백한 한계를 맞닥뜨린다. 관계가 없어서 일어날 수 없는 개체초월적 개체화를, 비주체적 존재자와의 교환으로 대체하려고 온갖 시도를 다 해보지만 결국 실패한다. 불안한 주체는 해야 하는 것을 행동하지 못함에 절망하고 행위의 중심에서 멀리 이탈했다고 느낀다. 증폭된 정동들은 내부에 갇힌다. 주체는 자기 내부에서 계속 해결을 시도하지만, 관계없이, 집단 없이 개체화는 가능하지 않다. 주체는 개체화에서 점점 더 멀어지게 된다.

따라서 불안의 유일한 해결책은, 개체성의 파괴를 가

로지르기로 받아들이고 수용하는 것이다. 개체초월적 관계로 나아가야 함을 외치는 전개체적 퍼텐셜의 목소리에 귀 기울이는 것이다. 그런 의미에서 불안이란 미지의 개체화로 모험을 떠나기 위해 새로운 존재가 출발해야 함, 익숙한 방식을 모두 버리고 진정한 관계와 상호작용을 향해 떠나야 함을 알리는 신호다.

66

시몽동의 관점은 불안을 이해하는 대안적인 관점을 제시하며, 기존의 설명들에 누락되어 있는 중요한 요소를 명확히 짚어낸다. 불안의 원인이자 해결책은 '관계'일 수밖에 없다는 사실을 명확히 보여줌으로써, 불안에 대한 해결책을 자신의 내부에서 찾도록 하는 전통적인 접근 방식과 대조를 이룬다.

진정한 관계, 혹은 개체초월적 관계는 주체의 개체화

를 위해 필요한 조건이자 개체화의 결과다. 조건이자 결과라는, 개체초월성의 이러한 이중적 성격은 주체와 집단의 관계에 역설을 낳는다. 하지만 이 역설은 모순이 아니다. 오히려 주체 내부에 존재하는 동시에 주체 너머에 존재하는 개체초월성의 복잡하고 다면적인 성격을 보여준다. 개체초월성 개념의 모호함은 개체들이 집단과 어떻게 관련되는지에 대한 복잡한 역학을 반영하고, 개체화 과정과 불안 경험을 완전히 이해하기 위해서는 두 측면을 모두 고려해야 한다는 점을 강조한다. 불안에서 관계로 나아가는 과정을 한번 들여다보자.

1) 불안은 종종 집단적 또는 사회적 맥락으로부터의 단절감이나 소외감에서 발생한다. 이는 어울리지 않는다는 느낌, 소속감 부족, 사회적 기대와 규범을 충족하지 못하는 것에 의해 촉발될 수 있다. 이 과정은 개인이 자신의 주관적인 경험과 집단적 현실 또는 사회적 환경의 기대 사이의 불일치를 인식할 때 시작된다.

2) 개인은 이러한 단절감과 불안감과 씨름하면서 이를 스스로 해결하려고 노력하게 된다. 이러한 내부 프로세스에는 성찰, 자기 검토, 주관적인 경험과 집단 간의 격차를 해소할 방법을 찾으려는 시도가 포함된다. 이는 고립감을 느끼게 하고, 불안의 원인을 직시하고 이해해야 할 필요성을 느끼게 한다.

3) 궁극적으로 주관적인 경험과 집단적 현실을 조화시키려는 이러한 내부 투쟁은 변화로 이어질 수 있다. 개인은 맹목적으로 순응하는 것이 아니라 자신의 정체성에 충실하면서 집단에 긍정적으로 기여할 수 있는 방법을 찾아 고립을 극복하고 집단과 다시 연결하려고 노력할 수 있다. 이러한 변형 과정은 개인이 보다 진정성 있고 의미 있는 방식으로 집단과 소통하는 개체초월적 영역에서 긴장을 해소하고 개체화를 실현시키는 방식으로 나타난다.

끝나지 않을 듯이

환히 타오르는

우리는

별의 아이들

같은 먼지로 만들어진

하나의 호흡

고대 그리스 철학자들에게 영감을 받은 시몽동에게 불완전함이나 결핍, 부족함, 비어 있음 등의 '부정적인 것'들은 전혀 부정적인 것이 아니다. 불안처럼 부정적으로 간주되는 경험들은 오히려 주체로 하여금 더 강한 동기를 제공한다. 더 커다란 개체화를 향해, 개체초월적 관계로 나아가게 한다.

그렇다면 개체초월적 관계란 무엇이며 어떻게 가능한 것일까?

시몽동은, 개체초월적 관계를 개체상호적 관계와 대비해서 설명한다. 우선 개체상호적 관계는 우리가 일반적으로 생각하는 '관계'를 말한다. 우리가 놓인 환경에서 직면하는 사회적 규범과 가치, 바람직한 행동들을 포함하는 문화는 관습의 집합이며 인간은 누구나 사회문화적 맥락에서 상호작용을 한다. 하지만 스스로 질문하며 선택하고 성찰하지 않으면 관습대로만 살아가기 쉽다. 그러면 각자의 개성을 형성하거나 발달시키기는 어려워진다. 사회문화적으로 "좋아 보이는" 역할만 하다 정작 자신이 소외되는 결과를 낳을 수 있다. 예를 들어 좋은 사람이 되기 위해 지나치게 애쓰거나, 갈등을 피하기 위해 자신의 진실을 얘기하지 않는다면 깊은 관계가 형성되기는 어렵다. 사회성을 떨어뜨리지 않기 위해, 비난받지 않기 위해, 혹은 인정받기 위해 사람들은 종종 가면을 쓰게 된다. 이러한 가면 쓰기는 개인이 더 깊은 자기 성찰과 질문을 피하면서 순전히 기능적인 상호작용에만 참여할 때 발생한다.

서로에게 깊은 관심이 없는 상태, 피상적이고 기능적이며 실용적인 관계를 시몽동은 개체상호적 관계라 명명했다. 서로 도움이 되거나 편리한 면이 있을 때에는 함께하지만, 더 이상 도움이 되지 않거나 오히려 불편한 느낌을 불러일으킬 경우 바로 헤어지는 일반인들의 관계를 말한다. 이런 관계는 진정한 집단을 이루지 못하기에 개체화를 작동시키지도 않는다. 즉, 개체상호적 관계는 아무리 많이 있더라도 우리를 성장시키거나 새로운 것을 생성시키지 못한다.

이에 반해 개체초월적 관계는 개체와 집단을 모두 진화시키고 새로운 깃이 되노복 이끌 수 있는 힘을 갖고 있는데, 이러한 힘은 모든 존재의 토대를 이루는 전개체적 본성에서 나온다. 주체 안에 아직 규정되지 않은 영역, 전개체적 퍼텐셜이 바로 개체초월성으로 안내하는 동력이다. 개체초월적 관계 안에서는 기능도 역할도, 주고받는 이해관계나 호혜성도 무의미하다. 개체를 가로질러 넘어가기 때문이다. 이것은 무슨 뜻일까?

68

개체초월적 관계와 개체상호적 관계는 상보적이다. 둘 중 어느 한쪽만 가지고 살아가기란 불가능하다. 또한 두 관계가 완전히 별개로 존재하는 것도 아니다. 개체상호적 네트워크 안에 개체초월적 순간이 끼어들 수도 있다. 따라서 우리가 맺는 관계 경험에서 어떤 것이 개체초월적이고 어떤 것이 개체상호적인지 알고, 이들 사이의 비대칭성과 역동성을 이해하는 감수성이 필요하다. 개체초월적 관계는 더 깊은 관계를 의미하며 개체화는 바로 이런 차원에서 일어난다. 일상의 대부분은 개체상호적 관계들로 이루어져 있다는 현실을 간과해서도 안 된다. 하지만 중요한 사실은, 개체상호적인 활동들이 때때로 개체초월적 관계를 차단하는 결과를 낳는다는 것이다. 기능적이고 실용적인 상호작용의 몸짓들이 인간관계의 더 깊은 차원을 가릴 수 있다.

그런데 어떤 우연한 사건이, 익숙한 개체상호적 몸짓을 중단하게 하거나 무너뜨리게 한다. 이런 사건들은 개체상호적 연결의 한계를 드러내어, 인간관계의 더 깊은 차원인 개체초월적인 것으로 나아가게 하는 계기를 마련한다.

시몽동의 관점에서 불안은 단순히 수동적인 고통의

상태가 아니라, 그 자체 내부에 실현되지 않은 잠재력이 존재함으로써 발생하는 긴장에 대한 주체의 능동적인 반응이다. 주체 내에서 전개체적인 것과 개체화된 것 사이의 긴장을 해결하는 방식에 해당한다. 주체 내부에서 자체적으로 해결하려는 고독한 시도가 파국적이라면, 이 긴장을 해결하는 또 다른 방식, 즉 파국적이지 않은 것이 분명 존재한다.

관계를 맺을 수 없는 상황에서, 주체는 자신의 개체성을 넘어서기 위해, 내부에서 해결책을 찾으려고 필사적으로 노력한다. 그것은 실패할 수밖에 없는 시도이며, 개체성이 파괴되는 형태를 띤다. 주체가 어떻게 개체의 한계 내에 자신을 가둘 수 없는지, 이보다 더 명확하게 보여줄 수는 없다.

69

개체성의 한계를 넘지 못하는 것이 불안으로 드러난다

면, 그 한계를 가로질러 넘어가는 것은 개체초월성으로 나타난다. 그렇다면 개체초월성은 개체 내부에서 비롯되는 것일까, 외부로부터 생겨나는 것일까? 둘 다 맞다. 내부성과 초월성 두 가지 특성을 동시에 갖는다고 볼 수 있다.

우선, 개체초월성은 개체의 주관적 경험 내에 깊이 내장되어 있다는 의미에서 내부적이다. 그것은 개체로부터 분리된 어떤 것이 아니라 오히려 개체의 정신적 삶의 필수적인 부분이다. 이러한 관점에서 개체초월성은 자아 내부의 심오한 내면성을 나타낸다.

한편, 개체초월성은 초월적인 것이기도 하다. 이때의 초월성이란, 종교적이거나 형이상학적인 의미로서가 아니다. 그것은 개체의 즉각적인 주관적 경험을 넘어 보다 집단적, 심지어 보편적인 차원으로 확장된다는 점에서 초월적이다. 그것은 개체의 주관성에 국한되지 않고 더 광범위하며 때로는 신성한 특성을 띤다.

이처럼 개체초월성은 내부성과 초월성에 대한 전통적인 정의에 도전하는 복잡하고 역동적인 개념이라 할 수 있다. 개체적 경험에 깊게 자리하면서도 동시에 개체를 넘어 집단적 차원, 잠재적으로 초월하는 차원을 포괄한다. 이리한 개체조월성이라는 개념은 개체와 집단 사이의 복잡한 관계에 대한 깊은 이해를 담고 있다.

개체초월성은 개체의 내부도, 외부도 아닌 두 차원을 모두 포함하는 지속적인 자기 구성 과정이다. 이러한 관점은 안과 밖, 자아와 타자라는 전통적인 이분법에 도전하고 개체성과 개체초월성 간의 관계에 대한 보다 미묘한 이해를 유도하여 상호의존성과 지속적인 상호작용을 강조한다. 개체초월성은 완전히 외부에 있는 것이 아니라, 집단 안에서 완전히 개체화되기 전에 이미 주체 안에 전개체적 실재로 존재한다.

다시 말해, 전개체적 실재는 개체초월성의 기초로 간주된다. 전개체적 실재는 개체화 프로세스에서 핵심적 역할을 하며, 개체초월적 관계가 나타날 수 있는 원재료를 제공한다. 전개체적 실재는 집단적 개체화에 참여하면서 개체초월적 실재로 변형된다.

개체초월적 관계는 우연한 만남으로 시작된다. 만남이라는 사건은 역설적인 성격을 지닌다. 순전히 내부적이지도 않고 순전히 초월적이지도 않다. 만남은 개체적인 것과의 단절, 혹은 붕괴를 나타내는 동시에 더 큰 존재로 나아가는 토대 역할을 한다. 개체초월성은 주어지거나 고정된 것이 아니며 전개체성의 지속적인 증폭을 의미한다.

70

개체화가 가로막혔을 때 불안이 경험된다. 불안은 일시적으로 안정된 개체성으로 후퇴하는 대신, 주체로 하여금 개체성을 넘어서 전개체적인 것의 존재에 직면하도록 강요한다. 때로는 압도적이거나 견딜 수 없는 경험으로 이어질 수 있음에도 불구하고 이러한 잠재력과 씨름하고 통합하려는 주체의 노력을 나타낸다.

이것은 종종 오해와 고통스러운 경험을 동반한다. 불안한 사람은 자신 안에 있는 전개체적 퍼텐셜을 자신보다 더 큰 것으로 인식하는 대신, 종종 그것을 고통스럽고 메울 수 없는 분열로 경험한다. 그것은 개체화된 존재와 결코 완전히 일치할 수 없는 본성으로 간주된다.

불안에 대한 시몽동의 독특한 관점은 불안의 심오한 실존적, 철학적 중요성을 강조한다. 불안은 단순히 고통스러운 상태가 아니라 주체가 전개체적인 것과 개체화된 것 사이의 긴장과 씨름하여 자아에 대한 근본적인 재평가와 이러한 측면을 재통합하려는 노력으로 이어지는 복잡한 경험이다.

71

시몽동의 철학은 개체화와 개체초월성의 역동적이고

진화하는 성격을 강조한다. 이는 집단적 개체화를 추구하기 위한 창의적인 노력과 지속적인 증폭의 필요성을 강조한다. 감정은 이 과정의 핵심 측면으로, 전개체성과 개체초월적인 것을 연결하는 데 수반되는 도전과 위험을 반영한다.

감정은 주체 내에서 단독으로 발생할 수 없다. 집단 안에서 주체가 다른 존재들과 관계를 맺음으로써만 일어날 수 있다. 따라서 관계가 없다면 감정도 없다.

감정은 개체와 집단 간의 관계에서 발생하며, 현재 상태와 미래 가능성 사이의 간극을 나타낸다. 감정은 주체 내의 긴장과 부적절함의 순간을 나타내며, 완전히 구조화되지 않기 때문에 언제나 불완전하다. 하지만 이는, 앞으로의 성장과 발전의 잠재력을 의미한다. 다른 개체화와 마찬가지로 감정은 개체초월적인 집단의 맥락 내에서 발생한다. 이러한 사실은, 생성의 과정에서 개체들의 상호 연결성이 중요함을 강조한다.

한편 감정은 형태를 발견한 후 그것을 영속시키고 그것을 자신의 지원 역할을 하는 시스템으로 부과하는 지각과 마찬가지로 전체론적이다. 존재는 지각 수준에서 자신의 존재를 지속하려는 경향이 있다. 감각과 정동이 새로운 개체화를 가정하지 않고 개체화된 생명체에게 닥치는 현실이라면 지각과 감정은 준안정적이다. 지각은 현재에 집착하고 그 밖의 다른 지각에 저항하며 배타적이다. 감정도 현재에 집착하고 그 밖의 다른 감정에 저항한다. 이 준안정 균형이 붕괴되면 하나의 지각이 다른 지각을 대체하거나, 하나의 감정은 일종의 내부 단절로 인해 다른 감정을 대신하게 된다.

72

그럼에도 불구하고 지각과 감정은 더 높은 통합, 즉 존재가 순수하게 구성된 개별성으로는 달성할 수 없는 통합을 요구한다. 존재는 지각을 통해 세계를 마주하고 감정을 통해 생성의 제한된 본성을 경험한다. 감정은 존재를 태도에 가두고, 지각은 존재를 관점에 가두게 된다. 관점과 태도는 상호 배타적이다.

따라서 세계와의 관계, 다른 생명체와의 관계를 포함하는 새로운 개체화가 발생해야 한다. 감정은 지각의 관점을 향해야 하고, 지각의 관점은 감정을 향해야 한다. 지각과 감정 사이의 중재는 오직 집단을 통해서만 가능하다. 개체화된 존재에게 집단은 감정이 지각적 관점이 되고 관점이 가능한 감정이 되는 혼합되고 안정적인 공간이다.

생명체의 변화와 세계의 변화의 통일은 집단에 달려 있으며, 세계에 대한 방향성을 생명체의 생명 시간으로의 통합으로 변환시키는 것을 이뤄낸다. 집단은 안정된 시공간적인 존재이며, 교환의 매체이자, 존재의 활동(지각과 감정) 양쪽의 통합을 위한 변환 원리다. 생명체 단독으로는 감각과 정동의 문제를 해결할 수 없고 지각과 감정이라는 개체화를 이뤄낼 수 없다.

시몽동에 따르면, 단순한 생명과 정신현상 사이의 본질적 차이는 정동성의 역할에 있다.

정동성의 핵심은 쾌/불쾌로 나타나는 다가가기, 혹은 피하기라고 할 수 있는데 이는 모든 생명체에 내재되어 있는 특성이다. 먹이, 안전한 쉼터처럼 생존에 도움이 되는 것에는 다가가고, 독, 포식자와 같은 위험 요소들로부터는 피하게 함으로써 생명을 유지하는 내재적인 힘이 바로 정동성이다. 목이 말라서 느껴지는 괴로움은 물을 찾아가게 하고, 추워서 느껴지는 괴로움은 체온을 유지하기 위해 따뜻한 곳으로 이동하게 한다. 특별한 이유 없이 계속되는 피로와 무기력은 하던 일을 쉬게 하거나 환경을 바꾸게 한다. 생명은 그 자체로 다가가거나 피하려는 정동적 움직임의 연속이라고도 할 수 있다. 정동은 방향 설정을 하게 한다. 다른 표현으로 '극성화'되게 한다. 정동으로 인해 생명체는 한편으로는 세계를 따라, 다른 한편으로는 생성을 따라 극성화된다.

73

시몽동은 생명의 기능들이 생명체에 주어진 문제들을 더 이상 해결할 수 없을 때 정신현상이 나타난다고 설명한다. 만약 생명체가 자신의 신체 내부에서 그리고 환경과의 관계에서 완전한 평정 상태에 있고, 정동과 지각이 제기하는 문제들을 행동을 통해 완벽하게 스스로 해결 가능하다면 정신현상은 일어나지 않았을 것[1]이라는 얘기다.

여기서 '스스로 해결 가능하지 않다'는 의미는 무엇일까?

시몽동의 설명을 들어보자. 단세포 생물의 경우에는 세포막을 기준으로 절대적 내부와 외부가 있다. 세포막은 선택적 투과성을 갖기 때문에 어떤 것은 들여보내지 않고 어떤 것은 일부만 들여보냄으로써 내부와 외

---

1   Simondon. (2020), p. 178.

부의 경계를 형성한다. 세포막을 경계로 살아가는 단세포 생물은 외부에 대한 내부의 반응이 덜 복잡하게 일어나며 비교적 선명한 극성을 띤다. 하지만 유기체가 복잡하면 복잡할수록 그 안에는 여러 수준의 내부성이 생겨나게 된다. 상내적 내부와 외부의 쌍이 여러 개 존재하며 다양한 방향과 극성으로 정동성도 넘쳐난다. 유기체 내부에서 정보들을 소통하고 통합하기 위해 신경계가 나타나고 감각기관과 반응기, 신경중추가 구별되기에 이른다.[2]

따라서 정신현상은 복잡한 유기체가 내부 구조를 갖기 때문에 발생하며, 개체 내부의 방식으로 해결될 수 없는 문제 상황들을 해결하기 위해 개체초월적인 수준으로 도약하면서 일어난다.[3] 정동과 감정은 주체에게 방향을 부여한다는 점에서 세포막이 갖는 극성, 선택적 투과성과 유사하다. 세포 투과성처럼 극성화된 비대칭적 본성이다. 이러한 정신적 개체화는 생명적 개체화의 확

---

2   Simondon. (2020), p. 252.
3   Simondon. (2020), p. 180.

장이지만, 동시에 집단적 개체화의 참여이기도 하다.

여기서 집단의 의미를 정확히 짚고 넘어갈 필요가 있
다. 시몽동이 말하는 집단이란 개체들을 모아놓은 단순
집합이 아니라 '개체적 성격들의 중첩'으로 구성된다.
이러한 개체의 성격은 집단적 개체화보다 먼저 존재하
지 않는다. 심리사회적 성격은 집단의 발생과 동시에 일
어난다. 다시 말해, 집단적인 것(le collectif)은 개체화의
결과물로서 개체초월적인 관계를 형성하는 것을 뜻한
다. 집단 내부에서 주체들은 더 큰 의미와 연결하며 새
로운 개체화를 경험하게 된다. 집단은 개체화의 조건이
자 개체초월적 관계의 결과라 할 수 있다.

74

개체초월적 관계와 대조를 이루는 개념으로 개체상호
적 관계에 대해 알아보았는데, 여기서는 정신현상과 관

런지어 좀 더 들여다보자. 개체상호적 관계는 개별 주체들 간의 상호작용과 연결을 나타내는 개념이며, 이 관계에서는 주체들이 서로에게 영향을 주고받으며 자신의 개체성을 형성하려고 노력한다.

따라서 개체성에 집착하는 개체상호적 관계에서는 추가적인 개체화가 일어나지 않는다. 받은 만큼만 돌려주고, 서로 정해진 역할만 하면 되는 개체상호적 관계에서는 서로에게 깊은 관심이 없으니 연결이 일어나지 않는다. 개체성을 넘어 서로 침투하거나 스며드는 일도 없다.

반면 서로를 변화시키는 관계, 진정한 의미의 집단적 참여가 일어나는 관계에서는 감정의 상호작용이 있다. 감정 그 자체가 중요하다기보다는, 감정이 오가며 존재를 변화시킨다는 사실이 중요하다. 더 넓은 개체화에 참여한다는 것은 일시적으로 '타자'가 된다는 뜻이기도 하다. 우리는 자신의 개체성에 머무르지 않고, 개체를 횡단해 넘어가는 존재다. 개체화된 존재는 언제나 전개체적 퍼텐셜과 함께 있다. 정신적 삶이란 전개체적인 것으로부터 집단적인 것으로의 도약이며, 개체초월적 문제 해결의 여정이다.

시몽동의 개체화론은 다양성, 양립 불가능성, 불일치한 것들이 상호작용을 통해 다음 차원의 개체화로 나아간다는 것이 핵심이라 할 수 있다. 문제를 해결하려면 늘 그보다 높은 차원의 개체화가 필요하다. 예를 들어 주체는 개체화된 실재와 전개체적 실재로 이루어져 있기 때문에 그 자체로 이미 양립 불가능성을 갖는다. 그래서 주체는 자기 내부에서 문제를 해결할 수 없고, 해결하려면 그보다 상위의 개체화, 곧 집단적 개체화를 필요로 한다.

75

결정이 만들어지는 과정에 대한 시몽동의 설명에 따르면, 새로운 것은 에너지의 비대칭과 비평형에서 일어나며 존재가 안정적 평형 상태에 있다면 생성은 결코 일어나지 않는다. 다시 말해, 생명체에게 완전한 평형이란 불가능하다는 것을 의미한다.

생명체는 다양한 내부 및 외부 요소와 복잡하게 상호작용하며 그 결과로 힝싱 어떤 문제나 불균형이 발생하는데, 시몽동은 한발 더 나아가, 생명체가 문제나 불균형을 해결하려는 것이 아니라 오히려 그 문제들을 증폭시키고 확대시키면서 자신의 존재를 유지한다고 주장했다. 생명체의 존재와 환경 간의 상호작용을 중시하며, 균형보다는 불균형과 변화를 통해 성장하고 발전하는 것을 강조하는 내용이라 할 수 있다.

이는 비단 물리적인 것만을 이야기하는 것이 아니다. 철학박사였지만 심리학에 조예가 깊어 대학에서 심리학부 교수를 맡기도 했던 시몽동은 특히 정신적인 것, 심리적인 영역에서 준안정성과 개체화가 갖는 의미에 대해 자세히 설명했다.

76

'삶'에는 늘 문제가 있다. 모순이 있고 불일치가 있다. 양립 불가능한 것들이 있다. 이러한 문제를 해결하는 과정이 곧 개체화다. 개체화를 계속하는 한도 내에서만 개체는 살아간다. 생명체에게 물리적으로 완전한 평형, 정신적으로 완전한 평정 같은 것은 불가능하다. 시몽동은, 오히려 생명체가 문제들을 증폭시키면서 삶을 유지한다고 보았다.

시몽동이 활동하던 시기 유럽은, 게슈탈트 심리학과 프로이트의 정신분석학이 마음을 설명하는 주된 이론적 틀이었다. 두 이론은 내용도 맥락도 매우 다르지만, 공통적으로 우리 마음이 안정적 평형을 추구한다고 보았다. 해결되지 않은 채 마음속을 떠돌며 괴롭히는 과제를 해결하거나, 자신도 모르게 무의식에 억압되어 있는 것들을 의식으로 밝혀 해제하면 우울이나 불안과 같은 증상이 사라지거나 완화될 것이라 보았다. 즉, 내면의 갈등이나 긴장이 심리적 문제를 일으키는 원인이기 때문에 그것을 없애어 마음을 안정시키면 더 나은 삶이 가능하다는 전제가 깔려 있었다.

하지만 시몽동은 "모든 갈등과 긴장을 해소하는 방법은 죽음밖에 없으며 죽음은 어떤 문제도 해결하는 것이 아니"[4]라고 비판했다. 앞에서도 살펴보았듯, 모든 존재는 끊임없이 변화하려는 잠재력을 지닌 준안정적 상태에 있기 때문이다. 만약 만물이 안정적 평형 상태에 있다면 발생도, 성장도 결코 일어나지 않을 것이다. 불일치, 부조화, 갈등, 결핍과 긴장이 있어서 움직임이 있다. 그게 삶이다. 모든 살아 있는 것들은 변화하며 세계는 늘 비평형 상태에 있다.

77

따라서 생명이란 그 자체로 끊임없는 문제라고 할 수

---

4   Simondon. (2020), p. 226.

있다. 문제를 제기하고 해결하는 현재의 연속이다. 생명체는 준안정성의 긴장, 불균등한 상태로 존재하는 주체이고 행위자이자, 동시에 환경이며 끝없는 개체화 요소[5]라 할 수 있다.

그런 의미에서 좋은 삶, 혹은 좋은 형태란 문제가 없는 것이 아니라, 지속적으로 문제를 제기하고 해결할 수 있는 구조를 만들어 내는 것이다. 불일치나 긴장이 없는 것이 아니라, 불일치와 긴장을 담아낼(containing) 수 있는 구조와 기능을 발견해 내는 것이다.

문제 해결을 위해 시몽동은 늘 그보다 하나 위의 차원이 필요하다고 보았다. 정동의 문제를 해결하기 위해 감정을, 감각의 문제를 해결하기 위해 지각을 필요로 한다. 그리고 감정과 지각의 문제들을 해결하려면 행동이 필요하다. 간단한 예를 통해 살펴보자. 왼쪽 눈과 오른쪽 눈에 비친 이미지의 불일치(감각)는 시각(지각)이라는 개체화 과정이, 아까부터 속이 부글거리고 얼굴이 뜨

5   Simondon. (2020), p. 236.

거워지는 건(정동) 열등감(감정)이라는 개체화 과정이 해결한다. 하지만 여전히 잘 보이지 않는다면(지각의 문제 제기) 안경을 꺼내 쓰거나 눈을 닦게 되고(행동으로 해결), 열등감을 처리하기 위해(감정의 문제 제기) 스마트폰으로 자신의 주의를 산만하게 만들거나 동네 공원을 전력 질주할 수도 있다(행동으로 해결). 이 각각의 도약이 모두 개체화다.

정리하면 '감각' 자체로 해결이 안 되기 때문에 '지각'이라는 개체화가 일어나고, '정동' 자체로 해결이 안 되기 때문에 '감정'이라는 개체화가 일어나며, 지각과 감정 내에서 서로 불일치하거나 양립 불가능한 문제들을 해결하기 위해 '행동'이라는 개체화가 일어난다.

마찬가지로 주체는 그 안에 개체화된 실재와 전개체적 실재를 동시에 지닌다. 하지만 주체는 둘 사이의 불일치와 부조화의 문제를 해결할 수 없다. 주체는 자신의 문제를 제기하기만 할 뿐, 해결할 수 없으니 집단적 개체화로 나아간다. 생명체는 닫힌 존재가 아니기 때문에 자기만의 운명이란 없다. 개체화가 해결하는 문제란 동

시에 세계의 문제이기도 하다. 개체화는 그 자신과 세계의 시스템이다.[6]

78

따라서 시몽동의 관점에서 삶이란 문제나 어려움을 피하거나 없애는 과정이 아니라, 오히려 문제나 어려움을 포착해 그것들을 통해 더 나은 개체성과 발전을 추구하는 과정으로 간주된다. 문제의 증폭은 개체화의 일부이며, 문제와 불균형을 통해 생명체가 다음 단계로 발전하고 진화하는 것을 강조하고 있다.

단일한 것, 이미 규정된 것, 예측 가능하게 질서 잡힌 것은 과거다. 그 안에서는 변화가 일어날 수 없고 성장도, 생성도 불가능하다. 복잡한 것, 아직 규정되지 않은 것, 예측 불가능하여 새로운 질서를 발견, 혹은 발명해야

---

6   Simondon. (2020), p. 237.

만 하는 것에 역동적인 현재와 미래가 있다. 따라서 우리 안의 전개체적 퍼텐셜은 복잡성으로 나아가기를 끊임없이 권한다. 그리고 삶의 복잡성을 증가시키는 유일한 방법은 상호작용과 관계다. 그러므로 시몽동 철학의 관점에서 우리가 관계를 맺어야만 하는 이유는 한편으로 개체화를 통해 삶의 복잡성을 증폭시키기 위함이고, 상호작용과 관계를 통해서만 개체성을 획득하고 정체성을 구성해 갈 수 있기 때문이다.

개체화를 거치며 삶의 복잡성과 다양성은 증가한다. 이 과정에서 개체는 환경과의 상호작용을 통해 새로운 특성과 능력을 발전시키며 삶을 더 풍부하게 만들 수 있다. 또한 개체는 단독으로 존재하는 고립된 존재가 아니므로 환경과의 상호작용과 관계를 통해 자신의 개체성과 정체성을 형성해 간다. 관계를 통해 다른 개체들과 상호작용하고 배우면서 무엇은 '나'이고 무엇은 '내가 아닌지' 그 경계를 뜻하는 자신의 아이덴티티를 형성하게 된다. 따라서 관계는 정체성의 핵심적인 구성 요소라 할 수 있다.

79

결국 개체화란 궁극에는 정체성을 형성하는 과정이다. 개체는 단일성을 갖지만 전개체적 실재로 인해 개체초월적 관계를 맺게 된다. 그러면 개체의 단일성은 깨어진다. 그 과정에서 새로운 조정과 통합이 일어난다. 이러한 과정을 거치면서 우리는 더 복잡하고 다양한 정신세계와 정체성을 형성하게 된다.

앞에서 우리는 왜 삶이 본질적으로 "문제의 증폭과 해결"인지 살펴보았는데, 시몽동의 개체화론에서 "문제의 해결"과 "정체성의 통합"은 상호 연결되어 있는 중요한 개념이다. 이 두 축은 함께 작용하며, 하나 없이 다른 하나만으로는 개체화가 완성되지 않는다.

"문제의 해결"은 주체나 개체가 직면한 어려움을 극복하고 발전하기 위한 노력을 나타내며, 이를 통해 개체화 프로세스가 진행된다. "정체성의 통합"은 이러한 과정에서 다양한 측면을 통합하면서 자연스럽게 주체성이 형성되는 과정을 설명하고 있다.

정체성은 시간을 통해 구성되어 간다. 다양한 상황, 다양한 경험이 정체성을 한 겹 한 겹 형성하고 발전시킨다. 타인, 사회, 문화, 환경과의 상호작용을 통해 지속적인 개체화를 겪으며 한 층 한 층 구성해가는 것이 '나'리고 하는 사람의 성체성이다.

80

관계에서 가장 신비로운 것은 연결의 순간을 만들어 낼 수 없다는 데 있다. 관계의 핵심에 해당하는 개체초월적 경험은 노력한다고 일어나는 것이 아니다. 개체초월적 관계로 이끄는 우연한 사건은 기획할 수 없다. 시점도 장소도 대상도 내가 정하는 것이 아니다. 없던 것을 만들어 낼 수도 없고, 오는 것을 막을 수도 없다. 다만 자신을 풍성하게 성장시킬 개체초월적 관계의 가능성을 촉진시키기 위해서는 두 가지가 필요하다.

첫째, 자신의 개체성에 대한 이해와 존중이 있어야

한다. 지금까지의 경험에서 참된 관계를 방해하는 요소는 없었는지, 자신에게 중요한 관계는 현재 어떠한지 들여다본다. 자신이 반복해 온 역할과 기능은 주로 어떤 것이고 그로 인한 어려움은 무엇이었는지 살펴보는 것이다.

둘째, 열린 마음으로 만나는 것이다. 예측하고 방어하는 습관, 예측하고 통제하려는 마음을 내려놓고 있는 그대로 상호작용을 경험하기다. 연결되고 공감하기 위해 잘 들어야 한다. 듣기 전에 판단하고 끼어들고 말하려는 경향을 알아차리고 멈추는 연습이 도움이 된다.

오늘날 많은 이들이 관계를 맺지 못하는 것은, 듣지 못함에서 비롯되는 경우가 많다. 사실은 타인의 말을 듣지 못하는 것이 아니라, 그 말을 듣는 자신을 듣지 못하는 것이다. 자기 안에서 일어나는 감정 경험을 차단하고 싶어서 우리는 이따금 셔터를 내린다. 타인의 말이 나를 불쾌하게 하거나 혼란스럽게 하거나 불안하게 한다면, 그것은 진실을 건드렸기 때문이다. 듣지 못하는 마음, 관계를 차단하는 마음에는 자아, 즉 개체성을 잃는 것에 대한 두려움이 들어 있다. 따라서 자신의 개체성에 대한 충분한 이해가 있어야 열린 체계로서 진정한 관계에 참여할 수 있다.

81

아쉬가르 파라디(Asghar Farhadi) 감독의 영화 「누구나 아는 비밀」_{Todos lo saben}에는 와이너리를 운영하는 주인공이 포도주에 대해 강의하는 장면이 나온다. 포도를 금방 으깨서 주스를 만들어 한 손에 들고, 다른 한 손에는 포도주를 든 채 청중에게 묻는 장면이다.

"이 둘의 차이는 무엇일까요?"

포도 주스와 포도주의 차이에 대해 생각하고 있는 사람들에게 주인공은 의미심장한 미소를 지으며 답을 알려준다.

"시간입니다!"

"시간은 대체 무엇일까? 아무도 나에게 묻지 않는다면 나는 알고 있다. 하지만 내가 설명하려고 한다면 나는 모른다."

아우구스티누스의 저서 『고백록』에는 머리를 쥐어뜯어가며 시간의 실체에 대해 고민했던 철학자의 탐구가 생생하게 들어 있다. 신과 영혼에 대한 탐구에 골몰하다 보니 자연스럽게 시간의 실체에 대한 의문에 가 닿았을 것이다.

그는 인간에게 과거나 미래가 따로 존재하는 것이 아니라 오직 세 가지 종류의 현재가 있을 뿐이라는 결론을 내린다. 과거는 '기억으로서의 현재', 미래는 '기대로서의 현재', 현재는 '지각으로서의 현재'라는 것이다. 기억이나 기대는 인간의 의식 안에서 일어나는 것이며 늘 현재 차원에서 일어나기 때문[7]이다. 그는 기독교 교부답게, 이러한 시간을 초월하는 존재는 단 하나, 바로

---

7   소광희. (2002). 「시간의 철학」, 『과학사상』 40, 155~173쪽.

신이라고 말했다.

82

한편 시간이 한 가지만 있는 것이 아니라고 믿었던 고대 그리스인들은 여러 이름으로 시간을 불렀다.[8] 우리가 일반적으로 인식하는 시간, 과거에서 현재를 거쳐 미래로 흘러가는 시간의 신은 '크로노스'(Chronos)라 불렀다. 물리학자들의 설명대로, '엔트로피가 증가하는 방향'으로만 흘러가는 선형 시간을 말한다.

또한 어떤 사건이나 특별한 일이 벌어지는 '때'는 '카이로스'(Kairos)라 이름 붙였다. 그리스 사람들은 카이로스를, 앞머리가 길고 뒷머리는 하나도 없는 남자의 모습으로 상상했다. 기회가 내 앞에 왔을 때 붙들어야지 그렇지 않으면 금방 지나가 버리고 돌아선 뒤에는 잡을

---

8   https://footnotes2plato.com/2015/05/15/minding-time-chronos-kairos-and-aion-in-an-archetypal-cosmos/

수 없다는 뜻을 담았던 것인데, 히포크라테스는 이에 관한 유명한 말을 남겼다.

"모든 카이로스는 크로노스다. 하지만 모든 크로노스가 카이로스인 것은 아니다."[9]

크로노스가 평평하게 무차별적으로 흘러가는 시간이라면 카이로스는 우리가 포착해야 하는, 소위 '타이밍'이다. 결단과 실행을 해야만 하는 시간을 뜻한다.

마지막으로 크로노스와 카이로스를 모두 초월하는 아이온(Aion)이 있다. 고대 그리스어 아이온(αἰών)은 '늘, 항상'을 뜻하는 단어 ἀεί에 '존재, 있음'을 뜻하는 단어 ὄν가 합쳐진 명사[10]로, 생겨나지도 않고 사라지지도 않는 시간, 순환적이면서도 신화적인 의미를 갖는 시간이다. 서양 철학은 대체로 인간을 시간의 한계 안에 사는 유한한 존재로 보고, 시간을 초월하는 세계로 아이온, 혹

---

9   https://medium.com/dharmax/and-then-it-happens-kairos-the-moment-6fd7fec2c226

10   https://www.odiphilosophy.com/aion

은 영원을 상정했다.

한 방향으로 흘러가는 시간도 아니요, 특별한 때도 아닌 아이온은 동양적 사유에 가깝다. 일본의 철학자이자 수행자 도겐은 "모든 존재가, 모든 세계가 매 순간 바로 지금 존재한다"[11]라고 말하면서 시간과 존재가 따로 있지 않음, 무한과 유한이 따로 있지 않음을 강조했다. 사람들은 시간을 단지 지나가는 것으로만 여기기 때문에 우리 존재에 대해 제대로 이해하지 못하고 있다는 것이다. 도겐에 따르면, 우리가 '시간 안에 존재'하는 것이 아니라 우리 자신이 곧 시간이며 모든 존재는 오직 '시간으로서 존재'[12]한다.

11 Waddell, N., & Abe, M. (2002). *The Heart of Dogen's Shobogenzo*. State University of New York Press. p. 50.
12 이정우. (2018). 「일본적 시간론의 한 연구—도겐과 니시다에서의 '영원의 지금'」. 『동양철학연구』 93, 179~212쪽.

83

"시간은 언제나 관계의 시간이며, 존재자를 이루는 모든 특성은 실체가 아니라, 다만 관계적인 것"[13]이라 생각했던 시몽동의 관점이 매우 동양적으로 느껴지는 것은 이 때문일 것이다. 그는 물리적 시간이, 아직 정형화되지 않은 전개체적 실재와 구조화된 개체 사이의 관계로 존재한다고 보았다. 과거는 흘러간 것이 아니다. 생명체의 과거는 압축되어 현재에 들어 있으며, 존재를 미래로 밀어내는 동력은 시간을 초월해 언제나 존재 내부에서 꿈틀거린다. 그런 의미에서 개체초월성은 단순히 개체를 가로지르고 넘어선다는 의미가 아니라 시공간의 초월을 내포한다.

비온은 우리가 기억과 기대, 그로 인한 이해의 틀을 버려야 진짜로 누군가를 만나고 들을 수 있다고 했다.[14]

13   Simondon. (2020), p. 85.
14   Bion. (1970), p. 129.

규정하는 순간 그것은 이미 변해 있다. 모든 사건은 오직 그 시공간 안에서만 그 사건이고, 모든 현상도 오직 그 시공간 안에서만 그 현상이며, 사람도 오직 그 시공간 안에서만 그 사람이다. 우리가 누군가를 안다고 생각할 때 그것은 얼마나 그 사람의 것이라고 할 수 있을까?

우리는 흔히 좋은 관계라고 하면 지속 가능한 연대, 가족이나 친구, 연인이나 함께 일하는 동료를 떠올린다. 그런데 시몽동은 일상의 이런 관계들에 대해 단 한마디도 하지 않았다. 그는 오히려 니체의 책 『차라투스트라는 이렇게 말했다』에 들어 있는 한 장면, 전혀 알지 못하는 낯선 이의 죽음을 함께하는 순간의 공명을 개체초월적 만남의 예시로 든다. 그가 개체초월성이라는 개념을 개체상호성과 대비해 제안하고 있다는 점에서, 그 이유를 짐작하기란 어렵지 않다. 진정한 관계란 약속과 의무의 주고받음이나 현실적 즐거움과 편리함으로 이루어지는 것이 아니라, 모든 기대와 기억을 배제하고 어떠한 틀도 없이 다만 그 순간에 깊이 뿌리내림으로써 가능하다는 얘기를 하고 있는 것일지도 모른다. 진정한 관계는 오직 그 순간에만 있다. 그런데 그 순간의 관계, 순간의 정신성이 존재를 변화시킨다. 이것이 개체화론에 내재한 관계성이자 시간성이다. 시간은 언제나 관계의 시간이며, 모든 순간은 존재를 이루어 그 안에 남는다. 의미 있는 만남은 모두 우리 자신이 된다.

84

지금까지 살펴본 시몽동의 개체화론의 핵심을 요약하면 다음과 같다.

1. 전개체적 실재라는 무규정자로부터 개체화가 진행되어 개체라는 규정자가 발생한다.
2. 단일성, 규정성을 띠는 개체는 일시적으로 안정성을 갖는다. 그러나 환경과 상호작용하면서 곧 준안정성을 띠게 된다.
3. 개체화된 존재에게 남아 있는 전개체적 퍼텐셜로 인해

후속 개체화가 진행된다. 이로 인해 새로운 개체가 발생한다.

4. 2와 3을 반복하면서 지속적인 개체화를 통해 주체가 탄생한다.

5. 주체는 기본적으로 자신과 양립하지 못하여 늘 집단적인 것을 필요로 한다. 즉, 주체와 정신현상이 발생하는 동시에 집단적 개체화가 진행된다.

6. 전개체적 퍼텐셜은 개체초월성으로 나아가게 하고, 개체초월성으로 인해 주체는 타자가 될 수 있다. 집단 안에서 타자가 되면서 다양성을 경험한다.

7. 집단 안에서 주체는 문제를 해결함과 동시에 정체성을 구성해나간다.

즉, 개체화란 무규정자가 규정자가 되고 다시 준안정성으로 인해 개체화를 거듭하면서 내부적으로 시공간적 구조를 갖추게 되는 과정이다. 상호작용을 통해 발생한 정보는 형태를 만들어 내며 구조와 함께 정체성을 만들어 간다. 정보란 곧 내적 공명을 통해 형태를 부여

(in-formation)하는 활동이다. 시몽동의 관점에서 정보는 이미 확립되어 발신자로부터 수신자에게 전달되는 것이 아니다. 정보란 체계들 사이의 교환이자 존재와의 접촉이며 개체화의 한 측면이다. 정보가 있다는 것은 곧 개체화가 일어나고 있다는 것을 뜻한다. 이러한 사유를 개진한 것이 1950년대임을 감안하면, 그의 정보에 대한 개념화는 매우 선진적인 것이었다.

정보가 의미를 갖기 위해서는 집단의 존재가 필요하다. 집단이 없으면 개체적 존재가 지닌 본성의 하중은 구조화되고 조직될 수 없으며, 신호가 제공하는 형태를 수용할 수 없다. 정보를 받는다는 것은 정보의 근원이 되는 존재자와 집단을 형성하고 집단 개체화를 통해 개체화함을 뜻한다. 의미작용을 발견하는 것은 곧 의미작용이 파생되는 존재자와 함께 집단적으로 존재한다는 것이다. 의미작용은 존재 안에 있는 것이 아니라 존재자들 사이에 존재하므로 본질적으로 개체초월적이다. 의미는 관계에서 나온다.

5장 하나의 호흡

시몽동의 철학으로 볼 때 관계란 동일자가 되기 위해 타자 되기를 반복하는 여정이라고 볼 수도 있다. 인간이 불완전하기 때문에 관계를 맺는 것이 아니라, 관계를 맺어야 하기 때문에 불완전한 것이다. 불완전하고 예측 불가능하다는 것이 관계를 가능하게 한다. 관계는 이중성과 변화의 과정이며, 주체와 타자는 관계와 상호작용을 통해 서로를 구성하는 동시에 각자의 새로운 동일성을 형성해나간다.

생명은 문제다. 우리는 언제나 자신을 문제 삼는다. 그 이유는 자신 안에 양립 불가능한 채로 남아 있는 모순들, 긴장들 때문이다. 흥미롭게도 이러한 문제는 자신 안에서 해결하는 것이 불가능하다. 자신을 문제 삼는 활동은 자신을 넘어서게 된다. 그래서 정신적 개체화가 도달하는 곳은 개체초월적 영역이다. 개체초월성은 개체가 스스로를 넘어서는 차원이며 관계적 우주다. 개체는 자신을 넘어서면서 다른 개체를 만나는 것이 아니라, 개별화되기 이전의 존재자, 규정되지 않은 존재자들을 만난다. 일상적으로 이루어지는 대다수의 개체상호적 관계에서는 개별자가 개별자를 만나는 것에 그친다면, 개체초월적 관계에서는 전개체적 영역이 타인의 전개체적 영역을 만난다.

우리가 타인과 연결되는 것은 의식적 노력이나 의도, 목적과 목표, 욕구나 욕망에 의해서가 아니다. 참된 연결은 선택할 수 없고 기획할 수 없으며 만들어 낼 수 없다. 비개체적인 영역, 다시 말해 전개체적 영역에서 일어나는 일이기 때문이다. 우리 안의 전개체적 퍼텐셜은 우리로 하여금 늘 집단을 향하게 한다. 집단적 관계와 상호작용을 통해서만 의미가 발견되고 정신성이 구성되기 때문이다. 집단이 없다면 마음도 없다. 마음이 있다는 것은 내부에 어떤 구조가 있고, 내부와 외부를 연결하는 채널, 곧 신경계가 있다는 것을 뜻한다. 외부로부터 받은 것을 안에서 해독하면서 의미작용이 일어나는데 이것이 정보다. 정보가 형태를 부여하면서 끊임없이 개체화가 일어난다.

86

개체초월성의 모든 역설은 그것이 자기 구성의 과정으로서 필연적으로 외부에서 오는 것처럼 우리에게 나타나는 방식에서 비롯된다. 왜냐하면 그것은 우리의 사회적 존재를 구성하는 개체상호적 관계를 필연적으로 일시 정지시키면서 나타나기 때문이다. 개체초월성은 주체 안에서 구성된 개체적 핵이 아닌 영역, 즉 전개체적 실재에 기초하여 나타난다. 개체적인 것과 개체초월적인 것 사이의 관계는 개체를 초월하는 동시에 그것을 연장시키는 것을 뜻한다. 개체초월적인 것은 개체의 내부에 있지도 않고 외부에 있지도 않다. 그것은 외부성과 내부성 사이의 경계에 있다. 개체초월성은 밖에 있는 것이 아니라, 개체성을 넘어서는 차원에서 일어난다. 따라서 개체초월적인 것은 개체의 자기 구성에 필수적인 역설적 개념이다. 개체초월성은 개체와 복잡하게 연결된 상태를 유지하면서 개체를 넘어 확장되는 초월의 차원이다.

그런데 주체는 먼저 시련, 특히 고독의 시련을 겪지 않고는 개체초월성을 만날 수 없다. 고독은 단순히 타인과 물리적으로 분리되어 혼자 있음을 의미하는 것이 아니다. 더 깊고 실존적이며 심리적인 도전을 뜻한다. 주체 내부의 긴장은, 고독의 시련을 통해 드러나는 개체초월적 측면의 존재를 알리는 신호다. 이에 대한 주체의 반응은 스스로 부과한 고립과 성찰을 요구하는 변형적 여정을 수반하며, 궁극적으로 내부의 개체초월적 차원의 발견으로 이끈다. 이는 개체화 과정의 심오하고 도전적인 성격을 강조한다. 집단적 개체화는 본질적으로 타인과의 관계를 포함하지만 고립에서 시작되는 것처럼 보이기 때문에 이것은 역설적이다.

5장 하나의 호흡

차라투스트라는 줄타기에서 떨어져 죽어가는 광대를 보며, 자신이 타인과 소통하려는 시도를 너무 서둘렀다는 사실을 깨닫는다. 군중에 의해 버려지고 사회적 정체성을 박탈당한 또 다른 주체와의 만남을 통해 고독 한가운데로 들어간다. 개체초월적 연결이 일어날 수 있는 것은 바로 이 고독과 공유된 현존의 순간이다. 이때의 고독이란 피상적인 일상의 언어들이 사라진 상태이자 기능이 해제된 상태. 사회적 역할과 기대라는 제약에서 벗어나 더 깊고 의미 있는 수준에서 자신과 타인을 인식할 수 있는 상태를 뜻한다. 홀로 죽어가는 광대의 고독을 함께하며, 차라투스트라는 그의 시신을 친히 묻어주기로 약속한다. 그는 스스로 산에 고립되어 태양과 대화하는 법을 배운다.

이 대목은 개체초월성으로 가기 위해 우리가 경험해야 할 시련이 어떤 것인지 생생하게 보여주고 있다. 차라투스트라가 시련 속에서 겪은 것은 단순한 고독이 아니라, 개체초월성 그 자체다. 이는 시련과 고독이 개체초월성의 경험과 밀접하게 연결되어 있음을 보여준다.

또한 개체초월성은 그 자체로 최종 목표가 아니라 자기를 구성하는 과정이기도 하다. 우연한 사건을 통해 시작되는 개체초월의 여정은 고독과 밀접하게 연결된 자기 구성 과정임을 시사한다. 차라투스트라의 시련과 광대와의 만남의 예는 이러한 역학이 실제로 어떻게 전개되는지를 보여준다.

개체초월적 여정에서 필연적으로 맞닥뜨리게 되는 고독은 불안으로 인한 고립감과는 아주 다르다. 두 경험은 모두 고독감을 포함하지만 그 본질은 정반대라고 할 수 있다. 불안의 경험은 주체가 집단 없이 단독으로 문제를 해결하려는 헛된 시도로 일어나는 것이며, 결과적으로 개체성이 파국적으로 해체되기에 이른다. 이때의 고립감은 버림받은 느낌에 가깝다.

이와 대조적으로 개체초월적 시련은 관계들로 가득

찬 환경으로서의 고독을 꿰뚫어가는 것이다. 고독한 주체는 버림받은 것이 아니라 타자와의 단순 교환 관계로부터 적극적으로 물러난 것이다. 우연한 만남으로 인해 피상적인 개체상호적 관계에서 철수하게 되면서 자진해서 고독의 시련을 시작한다고 볼 수 있다.

따라서 관계가 없는 불안과 달리, 개체초월적 고독의 경험은 이전과는 완전히 다른 관계의 심층으로 나아가게 한다.

88

일상적으로 나누던 실용적인 관계, 기능적 관계가 정지됨으로써 탈개체화로 이어진다. 이는 주체가 자기 자신과 자신의 정신적 존재를 대면하도록 스스로 강요하는 경험이라 할 수 있다. 기능적 관계를 붕괴시키는 예측할 수 없는 사건으로 인해 발생하는 타인과의 탈개체적 관계는 심리적 개체성의 형성과 개체초월성의 출현에 매우 결정적인 역할을 한다.

사회적으로 좋아 보이는 관계, 남들에게 내세울 만한 관계, 칭찬받고 인정받기 위한 관계, 서로 도움을 주고받는 관계, 유리하고 득이 되는 관계 등에서 물러나 순간의 존재와 연결될 때 우리는 탈개체적 관계에 참여할 수 있게 되고 그 결과로 진정한 의미의 심리적 개체성이 형성되기에 이른다. 심리적 개체성은 개체초월성을 정교화하는 과정에서 만들어진다. 개체초월적 관계는 주체 자신과의 자기 구성적 관계를 포함한다. 개체초월성은 단순한 기능적 관계와 사회적 역할을 초월하는 자기 구성 과정이다.

어떤 생각, 감정, 역할, 자기 이미지와 같은 개체성은 다른 것과 구별되는 상대적 단일성을 갖는다. 하지만 이것만으로는 주체가 가능하지 않다. 한 사람으로서의 주체는 개체들의 모음이 아니다. 주체에는 언제나 개체화되기 이전의 영역, 즉 전개체적 영역이 들어 있다. 주체에게 들어 있는 전개체적 영역을 통해 주체 간 연결이 일어난다. 우리가 타자와 연결되는 것은 의식이나 말, 노력에 의한 것이 아니라 우리 안의 전개체적 퍼텐셜에 의한 것이다. 개체를 끊임없이 집단으로 향하게 하고 개체 자신과의 관계에 구조를 부여하는 것이 바로 개체초월성이다.

개체의 정신적 삶에 연속성을 부여하는 것은 개체 내부나 외부가 아니라 그것을 동반하면서 그것을 초월하는 것, 즉 개체 자체적으로는 해결할 수 없는 전개체적 실재의 몫이다. 우리 안의 전개체적 영역은 타자 안의 전개체적 영역과 매개 없이 소통하고 연결한다. 심리적 개체성은 단독으로 만들어지지 않고 오직 개체초월적인 것을 통해서 구성된다.

89

개체상호성 너머에 고독이 있고,
고독 너머에는 개체초월성이 있다.

이를 모두 관통해 갈 때 우리는 진정 관계로 존재한다.

새로운 개체의 탄생은 우리 안의 '아직 되지 않은 것'이자 '규정되지 않은 부분'인 전개체적 영역이 관계로 나아가면서 이루어진다. 존재하는 모든 것들은 관계 안에, 오직 관계로 있다. 관계가 무의식적이고 감정을 일으키는 것은 이 때문이다. 예측 가능하고 통제 가능한 의식이 하는 일이 아니라 우리 안의 무한이자 무의식, 전개체성이 하는 일이다.

따라서 무한에 연결될 수 있을 때 관계는 가능하다. 자신의 진실에 연결되는 사람만 타자의 진실을 만날 수 있다. 오에 겐자부로의 소설 『개인적인 체험』에는 진실을 회피하면서 자멸적 행동을 일삼다가, 결국 자신의 진실을 받아들이는 주인공이 등장한다. 현실을 회피하고 진실로부터 도피하며 자신으로부터 끝없이 도망치는 사람은 누구와도 관계를 맺을 수 없다는 사실을 생생히 보여준다. 게다가 도망치는 자는 더없이 큰 고통과 두려움에 시달린다. 자신을 속이고 있다는 것은 그 누구보다 자신이 제일 잘 아는 법이다. 설령 그 진실이 지옥에 있다 하더라도, 진실을 향해 발길 돌릴 때 비로소 그간 짊어지고 다니던 자신의 관이 얼마나 무거웠는지를 실감하고 내려놓게 되는 것이다.

진실은 종종 불편하고 부담스럽다. 하지만 받아들여야 그다음 단계로 나아갈 수가 있다. 사랑과 의존의 차이가 무엇일까? 사랑은 진실이고 의존은 거짓말이라고 할 수 있다. 사랑(진실)은 그 자체가 전부이니 돌아서서 남는 것도, 걸리는 것도 없다. 의존(거짓말)은 조건부 거래이기 때문에 꿍꿍이가 있다. 의존하는 사람의 마음은 늘 무겁고 행동이 산뜻하지 못하다. 계산대로 되지 않으면 좋아하던 마음도 곧바로 공격성으로 돌변한다. 그래서 의존은 칙칙하고 사랑은 밝다.

90

공간과 시간이 없는 실재는 우리에게 존재하지 않는 것처럼 보인다. 어떤 면에서는 죽음을 연상시킨다. 일어남 없는 있음은 존재가 아니라 비존재처럼 보인다. 아마도 이것은 의식의 한계 때문일 것이다. 의식은 일어남의 형태로만 드러나기 때문에, 공간과 시간이 없는 고요한 침묵을 마치 아무것도 아니거나 없는 것처럼 보이게 만든다.[15] —I.M.B

생각이나 말로 드러낼 수 없는 것, 찰나의 느낌과 분위기. 관계에는 늘 그런 요소가 있다. 통제할 수 없는 것을 막연히 두려워하는 우리의 의식은 그런 요소를 불편하게 여긴다. 마테 블랑코는 우리가 본래 무의식으로 존재하지만 의식의 특성과 한계 때문에 전체를 볼 수 없다고 말한다. 일어나기 전에 본래 있는 것, 그것이 무의식이고 무한이다. 우리는 관계와 감정, 꿈을 통해 무의식의 힌트를 만난다.

마테 블랑코의 비대칭과 대칭, 의식과 무의식은 시몽동의 언어로 말하자면 개체성과 전개체성에 해당한다.

15 Matte-Blanco. (1975), p. 103.

개체성의 입장에서는 정리되지 않는 혼란, 예측할 수 없거나 죽음을 떠올리게 하는 것들은 가능한 한 피해야 한다. 하지만 완벽하게 질서가 잡힌 코스모스는 적응 불가, 변화 불가, 곧 죽음을 뜻하고 진화와 성장을 위해서는 반드시 카오스를 필요로 한다. 그래서 우리에게는 전개체성이 있다. 우리 안의 전개체성은 관계와 생성을 포기하는 법이 없다. 이것이 시몽동이 말하는 우리 안의 무한이다. 모두가 이미 무한의 존재다.

관계란 나의 의식이 그의 의식을 만나는 것이 아니다. 나의 무의식이, 카오스가 그의 무의식을, 카오스를 만나는 것이다. 우리 안의 무한이 타인의 무한과 마주하니 현기증이 날 수밖에 없다. 관계는 결코 의도대로 되지 않고 생각으로 만들어지지 않는다. 의식 밖에, 통제 밖에 있다. 그래서 무궁무진한 가능성을 갖는다. 익숙한 질서, 자아를 무너뜨리고 혼란 속에서 새로 태어나게 하는 진정한 관계는 오직 매 순간에 있다. 연결의 순간, 시간은 멈추고 공간이 사라진다. 주체와 대상이 따로 없다. 영원이고 무한이다. 우리는 모두 관계의 존재들이며

무한의 아이들이다. 본래 무한임을 알기 위해 대칭성의
바다 위를 항해하는 비대칭의 물방울이다.

5장 하나의 호흡